なぜ、鎌倉幕府ができたのか
あなたは、人に説明できますか？

もし、あなたが冒頭の問いに答えられなかったのであれば
ぜひ、本書をお読みください。

説明できない理由は明確で、令和になった今でも歴史学習は
出来事や年号の「暗記」が主体だからです。
理解が伴わないままインプットされた知識は
すぐに頭の中から消えていきます。
何より、**そのような学びはおもしろくありません。**

本書は、それぞれの**時代背景や出来事同士の「つながり」**を
踏まえて書いています。知識がするすると頭に入ってくる
だけでなく記憶として定着しやすく、生涯の財産となります。

申し遅れました。
受験生向けの塾講師をしている
馬屋原吉博（うまやはら　よしひろ）と申します。

自宅学習が脚光を浴びている時代です。
「日本史の本でも買って勉強しようかな。
けど、難しい本を読むのは気が重いなあ」と
考えているあなたのために
「わかりやすく、おもしろく」
そのうえで体系づけられた知識が得られる本にしました。

私の生徒には、日本史の予備知識が
ほとんどない子も珍しくありません。

そんな環境で形にしていった「**馬屋原メソッド**」では
何よりもまず、最低限必要な知識と知識をつなぎます。
日本史全体の大きな流れを把握できるようにした後に、
関連する知識を深堀りして覚えていくスタイルです。
この方法は、受験勉強だけでなく
「**大人の学び直し**」にも**有効**です。

歴史は人が紡ぐもの。
当時の人々が、どのような環境で
何を考え、何に悩み、何を選択したのか。
それぞれの時代背景に踏み込みながら
古代から現代までの流れを理解しましょう。
ぜひ、本書を通じて「歴史っておもしろい!」と
感じていただけると幸いです。

馬屋原吉博《うまやはらよしひろ》 プロフィール

日本史を、子どもから大人までわかりやすく
誰にでも理解できるように話せる
カリスマ講師として絶大な支持を得ています。

現在は中学受験専門の個別指導教室で社会と国語を担当し、
開成、灘、桜蔭、筑駒をはじめとする
難関中学に生徒たちを送り出しています。

暗記に終始し、日本史が嫌いになる生徒も多いなか、
必死に覚えたぼう大な知識で混乱している生徒の頭の中を整理し、

テストで使える状態にする指導方法が好評。
バラバラだった知識同士がつながりを持ち始め、
みるみる立体的になっていく授業は、生徒はもちろん、
後ろで見ている保護者にも人気です。

中学受験専門のプロ個別指導教室 SS-1 副代表。
中学受験情報局『かしこい塾の使い方』主任相談員。

こんな声が届いています

「馬屋原先生の授業は夢中で
聞いているうちに**あっという間に時間が経っている**」

「バラバラだった知識が**一本の糸に
紡がれていくかのような気がします**」

「いつ、何が起こったという出来事だけでなく、
その**背景がわかったのが良かった**」

「テンポよく進む語り口に、思わず笑っちゃう内容、
流れがスッと頭に入ってくる。**面白いの一言**」

「各時代の背景、人々の暮らし、有力者の考えなどがわかり
やすく説明されていることで納得することが多く
歴史の流れが捉えやすい」

馬屋原メソッドを体験した

生徒・保護者から

「目の前に歴史物語が繰り広げられるようで、ドキドキしたり、ニヤニヤしたり、なんか泣いちゃったりします」

「先生は歴史上の人物に実際に会ったのでは？出来事をその目で見たのでは？と思うくらいリアルなストーリーを感じることができます」

「源氏、北条氏、足利氏の流れがごちゃごちゃになっていたのだが、シンプルに整理できた」

「歴史上重要な出来事が浮き彫りになり登場人物も最小限に抑えられていて理解しやすかった」

目次

本書は2017年に弊社より発刊した『CD2枚で古代から現代まで　聞くだけで一気にわかる日本史』を改題し、一部加筆、修正したものです。

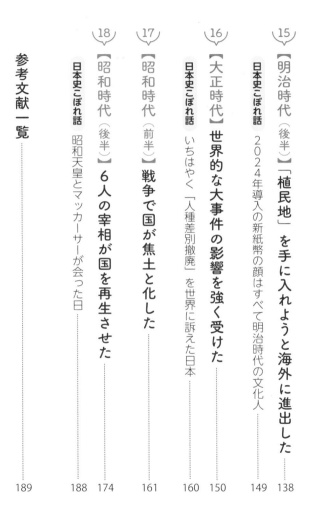

日本史01

日本列島は大陸と陸続きだった

今から数万年前、私たちが生活を営んでいるこの日本列島に、人類がたどり着きます。

私たちの先祖が、いつここに来たのか、どのようにしてたどり着いたのか、文字による記録はないので、はっきりとしたことはわかりません。

ただ、今よりもよっぽど寒く、富士山が大噴火していたような当時の日本で、石を砕いて道具を作り、狩りをしながら必死で生き、そして子どもを育てた人々がいた。

それは確かです。

日本の夜明けともいえる、この時代を「旧石器時代」と呼びます。

いったいどのような時代だったのでしょうか。

文字はなくても遺跡はあります。この時代を代表する２つの遺跡の話から、日本の歴史の大きな流れを追う旅を始めてみましょう。

まず、この「旧石器時代」と、その後に続く「縄文時代」の最大の違い、それは、**「日本列島が大陸と陸続きであったこと」**です。

その証拠となる旧石器時代の遺跡が、長野県の北の端にあります。

今は絶滅してしまった「ナウマンゾウ」**の化石が見つかったた**この遺跡、はい、どこでしょうか？

ナウマンゾウ
40万年前からおよそ2万年前まで生息していたといわれるゾウの一種。肩高1・9～2・7mで、ゾウとしてはやや小形。日本列島と大陸が地続きだった氷河期に渡ってきたとされる。野尻湖底遺跡では、ナウマンゾウとオオツノジカの化石が発見されている。

正解は野尻湖、「野尻湖底遺跡」ですね。

1948年に、野尻湖の近くの旅館の主人が「湯たんぽ」のような石を見つけ、これがゾウの歯ではないかということになり、その後、発掘が進みます。

▶日本列島は大陸と陸続きだった

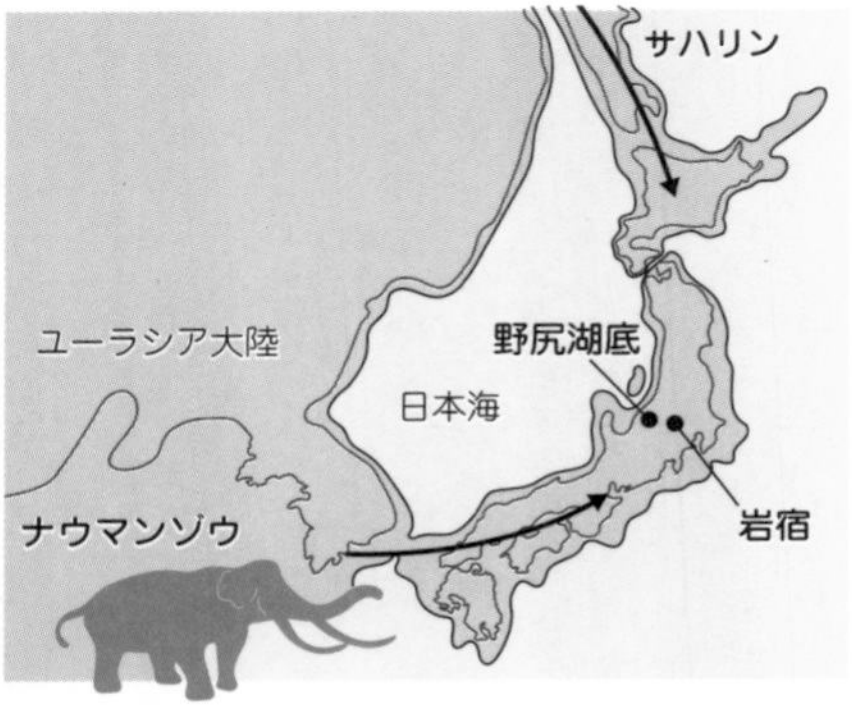

1948年、野尻湖の近くでナウマンゾウの化石が見つかった（野尻湖底遺跡）。ナウマンゾウはユーラシア大陸に生息していたもので大陸とつながっていた日本列島に渡ってきたとされる。

ナウマンゾウはもともとユーラシア大陸に生息していた動物で、なんらかの形で日本まで移動してきたと考えられますが、まさか日本海を泳いできたということはないはずです。

当時の地球は、いわゆる氷河期を迎えていて、今より寒かった。そのため、今は海水となっ

野尻湖底遺跡
長野県野尻湖にある遺跡。標高約650mの高原に位置し、遺跡は湖西岸の立ケ鼻という岬付近の湖底に所在する。1948年、偶然ナウマンゾウの臼歯が発見され、1962年から湖底や湖畔の発掘調査が始まり、以後、継続的な調査が行われている。

ているたくさんの水のうちのいくらかが、当時は氷、氷河として陸の上に存在していたようです。そのため、海面は今よりも100メートル近く低かったのです。

その結果、日本列島は大陸とつながっており、ナウマンゾウに代表される大陸の動物たちが歩いて日本にやってきたと考えられるわけです。

当時の日本の様子について教えてくれるもうひとつの代表的な遺跡は、群馬県の「岩宿遺跡」です。

そもそも、戦後、太平洋戦争が終わる頃まで、今の私たちが「旧石器時代」と呼んでいる時代、日本列島には人類はいないと考えられていたのです。

その考え方をひっくり返したのが、相沢忠洋氏が発見した「岩宿遺跡」でした。

岩宿遺跡
群馬県にある旧石器時代の遺跡。相沢忠洋氏が、旧石器時代の地層である関東ローム層の赤土の中から人工の石器を発見した。縄文時代以前の日本に先土器文化が存在することを明らかにした。

「関東ローム層」という言葉を聞いたことがある方もいらっしゃるかと思います。相沢氏は、この、旧石器時代に積もった火山灰でできた地層の中から、**石を打ち砕いて作られた「打製石器」、いわゆる「旧石器」を発見します。**それによって、石を砕いて槍や斧、ナイフなどを作り、狩りをして生活していた人々が、当時の日本にいたことが明らかになりました。

納豆を売って生計を立てていた相沢忠洋氏は、権威のある学者ではなかったんですね。そのため、当時の学界からは長いこと無視されましたが、後にその発見の重大さが認められ、今でも歴史の授業で紹介されています。

1万数千年前〜紀元前4世紀頃

日本史 02

土器の発明で生活が変わった

さて、「旧石器時代」の話はここまでとして、次の「縄文時代」に移りましょう。

1万数千年前から紀元前4世紀頃までの約1万年間を「縄文時代」と呼んでいます。

氷河期が終わり、地球が暖かくなった結果、日本列島が大陸から切り離されました。

縄文と聞いてイメージするのは、やはり土器、「**縄文土器**」でしょう。台所に立たれる方にはパッとわかっていただけるかと思いま

縄文土器
日本の縄文時代に作られた土器。土器面に施された縄目文様から名づけられた。黒褐色、厚手で600〜800℃の低温で焼かれたためにもろい。主に煮沸用の深鍋だが、後に浅鉢から複雑な形の器まで種類が豊富になっていった。

すが、ナベがあるのとないのでは大違いですよね。土器の発明により、人類はついに焼肉メインの生活から解放されます。煮込み料理が食べられるようになったのは大きい。

冗談はともかく、地球が暖かくなった結果、まず、森に生えている木の種類が変わっていくんですね。寒いところに生える針葉樹が減り、暖かいところに生える広葉樹が増える。その結果、クリやクルミ、トチの実やドングリといった木の実が重要な食料になります。クルミなんかはそのままでも食べられますが、トチの実やドングリは、水にさらしてアクを抜かないと食べにくい。できれば沸騰したお湯で煮ておきたい。そのための道具として土器が活躍することになります。

こうした**縄文時代の人々の生活の様子を具体的に教えてくれる代表的な遺跡が、東京都の「大森貝塚」です。**明治時代に日本を訪れた動物学者、エドワード・モースが発見しました。

大森貝塚
東京都にある縄文時代後期の貝塚。1877年アメリカ人動物学者エドワード・モースによって発見された。貝塚とは大昔のゴミ捨て場で、多種類の貝殻以外にも動物の骨・土器・石器など様々な出土品がある。

▶竪穴住居

青森県の「三内丸山遺跡」は、竪穴住居が700以上も立ち並ぶ大規模集落であった。

ちょっとイヤな話ですが、今でも人のゴミ箱を見ると、だいたいその人がどんな生活をしているかがわかります。そしてそれは縄文時代でも同様です。当時の人々のゴミ捨て場を見れば、縄文時代の人々がどんなものを食べて、どんな道具を使っていたかがわかるわけです。

さらに、この貝塚が、現在の海岸線からやや離れた内陸部にあることもポイントです。人々が不要になった貝殻などをわざわざ内陸部に運んでいたわけはなく、むしろ、そこが当時の海岸線であったと理解されています。つまり、縄文時代の平均気温は今よりも若干高く、その分、海面も高かったことがわかるわけです。

また、この大森貝塚と並んで、縄文時代を代表する2つめの遺跡が、**青森県にある「三内丸山遺跡」です。この集落は、「竪《たて》穴《あな》住居」と呼ばれる家が700以上立ち並ぶ大規模集落です。**

稲作こそまだ始まっていなかったとはいえ、クリの木やトチの木、ゴボウやマメ類などの栽培も進んでおり、食料の生産を前提とした定住生活が本格的に営まれていたことがわかります。

この頃から始まる、この、移住生活から定住生活への切り替え、これは縄文時代後期、大陸から稲作が伝わることで一気に加速し、次の時代、「弥生時代」が幕を開けます。

三内丸山遺跡
青森市の南西にある、縄文時代の大規模集落跡。多数の竪穴住居、大型掘立柱建物などが確認された。大量の土器や装身具の他、クリ、ゴボウ、マメなどの植物を栽培していた痕跡も見られた。

日本史 こぼれ話

縄文人は果実酒を楽しむ優雅な暮らしをしていた!?

かつて縄文の人々といえば、狩猟採集だけを生業《なりわい》とし、小規模でつつましい暮らしをしていたイメージがありました。そのイメージを一変させたのが、青森県の「三内丸山遺跡」でした。

八甲田山から続く緩やかな丘陵地に、東京ドーム9個分の面積を持つこの遺跡の本格的な発掘が始まったのは1992年のこと。通常の竪穴住居の他に、直径1mの太い木の柱が4.2m間隔に3本ずつ2列で建てられていた跡から、巨大な建造物も存在していたと考えられています。太い道路の端には墓が並べられていて、死者を丁寧に埋葬する習慣があったこともわかります。縄文時代といえばおなじみの「土偶」も、1400以上見つかっています。

主な食料はクリやクルミだったようです。一説によると、集落でクリが栽培されており、巨大集落の人口を支えていたとか。他にも、マメ類やエゴマ、ヒョウタンなどが栽培されており、イモ類や山菜も食べられていたことがわかっています。

また、陸奥湾で獲ったと考えられるマダイやブリ、サバ、ヒラメ、ニシンといった魚や、ムササビやノウサギといった小動物の肉も食べられていたようです。

エゾニワトコやクワ、キイチゴなどの実を発酵させた果実酒まで作られていたこともわかっています。調理や保存において主に活躍したのは土器ですが、樹液の精製技術を手にした人々によって作られた漆器も見つかりました。今から約5500年から4000年ほど前の人々の豊かな生活の様子がうかがえます。

日本史
03

稲作が広まり、国ができた

さあ、弥生時代です。紀元前4世紀頃から、3世紀頃までの約600年間を「弥生時代」と呼んでいます。

この弥生時代、3つのキーワードで整理してみたいと思います。ひとつめはもちろん「稲作」、2つめが「クニ」、そして3つめが「朝貢」、漢《かん》や魏《ぎ》といった当時の中華帝国との関係です。

ひとつずつ行きます。

まずは「稲作」。

縄文時代後期に大陸から伝えられた稲作は、北海道と沖縄を除く全国に広がっていきます。

当時の稲作の様子を教えてくれる代表的な遺跡が、静岡県の「登呂遺跡」です。

この遺跡には、水路やあぜ道が整えられた、東京ドーム2個分の広さの水田の跡が見つかっています。

多くの人々が協力して集団で大規模な稲作を営んでいたのだろうと考えられます。

ただ、ここからが人類の歴史の哀しいところですが、農耕が本格的に行われるようになるにつれ、農業に適した土地や水の取り合いや、農産物の奪い合いも増えていきます。

「戦争」の始まりです。

佐賀県の「吉野ヶ里《よしのがり》遺跡」は、「環濠《かんごう》集落」、すなわち堀で囲まれ

登呂遺跡
静岡市登呂にある、弥生時代の集落・水田遺跡。1943年軍需工場の建設工事の際に発見、戦後になって大規模な調査が行われた。8万平方mを超える水田跡や井戸、竪穴住居・高床式倉庫の遺構が出土している。

吉野ヶ里遺跡
佐賀県の吉野ヶ里丘陵にある弥生時代の集落・墓地遺跡。50haにわたる大規模な環濠集落跡で知られる。望楼や二重の環濠を備えて、集落を防御していた。発掘された甕棺には戦の跡を思わせる傷ついた人骨などが発見されている。

た集落として有名な遺跡です。

このあたりでは、狩りに使われていたものよりも大きいサイズの矢じり、弓矢の先っちょですね、あるいは手足などが欠けた状態で埋葬された人骨などが見つかっていることから、すでに集落同士で激しい戦《いくさ》が行われていたことがわかります。

そういった争いを制していった強力な集落は、周辺の集落を統合し、**徐々に政治的なまとまり、すなわち「クニ」を作っていったと考えられます。**

さて、このあたりで1回、ここまでの流れを簡単に整理してみましょう。

学校で日本史の勉強が始まると、最初に、遺跡を大量に覚えさせられて、その結果、のっけから歴史に嫌気がさす方も一定数いらっしゃるようです。

まずは、最低限、6つ。

旧石器の野尻湖と岩宿、縄文の大森貝塚と三内丸山、そして弥生の登呂と吉野ヶ里、それぞれ2×3、6つの遺跡から、何が見つかって、その結果、その時代についてどんなことがわかるのかを整理しておけば、旧石器、縄文、弥生の大きな流れはつかむことができます。

とはいえ、弥生時代の話はまだ終わりません。

3つめのキーワード、「朝貢」が残っています。

当時の世界、すなわち東アジア世界の中心は、漢や魏といった中華帝国でした。

この中華帝国には「皇帝」と呼ばれる権力者がいます。「皇帝」とは、世界の支配者を意味する言葉であり、皇帝は「クニ」の支配者を意味する「王」より偉いわけです。

中華帝国の周りの国々の王たちは、皇帝のところに、貢物とともに使者を送る。それによって、皇帝からその地方の「王」であると認めてもらう。

その認めてもらった証拠として、紫の紐がついた「金印」、金のハンコをもらいます。それをもらえた「王」は、「余は中華の皇帝に認められた王であるぞ」と、「この金印が目に入らぬか！」という感じで、まぁ、地元でデカイ顔ができるわけです。まじめないい方をすれば、クニの支配者としての正統性を手に入れられるわけです。

この、貢物を持って、下手に出る感じで使いを送ることを「朝貢」といいますが、弥生時代後期になると、日本のクニの支配者たちも、この「朝貢」を積極的に行うようになります。

その結果、どうなるかといいますと、中国に日本のことが文字で記録された史料が残ることになるわけです。

金印
金で作られた印章。古代の中国で、帝王が諸国の王を臣下と認める証しとして与えたもの。日本では、1784年に福岡市の志賀島で発見された「漢委奴国王印」が有名。「後漢書」東夷伝で、倭の奴国王が後漢に朝貢し、光武帝より印綬を受けたとされる。

日本の歴史を知るにあたってこれは大きい。

当時の日本にはまだ文字がないので、そこまでの歴史は、遺跡から推測していくしかないわけですが、すでに漢字を発明している中国との付き合いが始まることで、当時の様子をより詳しく知ることができるようになります。

弥生時代の日本について書かれた中国の記録は3つあります。ただ、その中でもっとも有名なのは、**やはり邪馬台国《やまたいこく》の女王卑弥呼《ひみこ》について書かれた「『魏志』倭人伝」でしょう。**

「『魏志』倭人伝」に書かれている「邪馬台国への行き方案内」が、いまいち不明瞭なせいで、邪馬台国が九州にあったのか、近畿にあったのか、という論争にはいまだに決着がついていません。

ただ、当時の日本に、邪馬台国を中心とした約30の小国の連合が

卑弥呼
3世紀前半頃、邪馬台国を統治していた女王。『魏志』倭人伝」によれば、小国家の抗争を治めて、連合国家的組織を作り、鬼道で衆を惑わしていたと記される。魏に朝貢し、親魏倭王の称号と金印を授けられたとされる。

『魏志』倭人伝
中国の歴史書『三国志』中の「魏書」のうち、「東夷伝」倭人条を一般的に「魏志」倭人伝と呼ぶ。邪馬台国までの行程がくわしく書かれているものの、どこにあったのかその解釈をめぐって近畿説と北九州説に分かれている。

あったこと、女王卑弥呼は、神の意志を聞くことに優れていて、実際の政治は弟が行っていたこと、社会には明確な身分の差があったこと、蚕《かいこ》を飼って糸をつむぐ養蚕《ようさん》がすでに始まっていたこと、男子は大人も子どもも入れ墨を入れていたこと、人が死ぬと10日間ほど喪《も》に服していたことなど、当時の日本の社会の様々な風景を、『魏志』倭人伝」は教えてくれます。

とはいえ、「『魏志』倭人伝」の「魏」は、あの有名な「三国志」に登場する、魏・呉《ご》・蜀《しょく》の「魏」です。三国志がお好きな方はご存じかもしれませんが、中国大陸はこの後しばらく戦乱の時代に突入します。

そのためかどうかは一概には言えませんが、西暦３００年代、すなわち4世紀の日本に関しては文字による記録が存在しません。「謎の4世紀」、つまりこの時代のことはよくわからないわけです。

しかしいずれにせよ、卑弥呼が亡くなったと考えられる3世紀中頃から、徐々に「古墳」と呼ばれる権力者の墓が建てられるようになっていきます。

そこで、弥生時代の話はここで終わりとし、次の「古墳時代」に移っていきたいと思います。

日本史　こぼれ話

「邪馬台国論争」が持つ本当の意味とは

邪馬台国の所在地について、長きにわたり論争が繰り広げられています。主に、「九州説」と「近畿説」に分かれますが、なぜ、この論争は注目を浴びるのでしょうか？　謎めいた女王・卑弥呼の存在が人々のロマンを駆り立てているからでしょうか？　もちろん、それもありますが、本質を突いた答えではありません。

もし、邪馬台国が九州にあったとすると、邪馬台国とは別に、後のヤマト政権を構成する勢力が近畿の方で生まれていたか、あるいは卑弥呼の死後、再び勢力を取り戻した邪馬台国が近畿の方に移っていったことになります。逆に邪馬台国が近畿にあったとすると、すでに卑弥呼の時代に広範囲に勢力を広げていた邪馬台国が、そのまま後のヤマト政権（後の大和朝廷）の源流となったと考えられます。つまり、日本という国の原型が、いつ、どのような形で誕生していたのかという問題にたどりつくのです。

2009 年、その謎の解明に一歩近づく発見がありました。国立歴史民俗博物館の研究グループが、奈良にある箸墓《はしはか》古墳から出土した土器の付着物が西暦 240 年から 260 年頃のものだとする研究成果を報告。これが本当だとすると、卑弥呼が亡くなった頃、すでに近畿で古墳の建造が始まっていたことになり、邪馬台国と古墳時代の主役であるヤマト政権の間になんらかのつながりがあると考える方が自然になってきます。そのため、現在は近畿説がやや優勢といったところですが、まだ決定打とまではいえず、今後の研究の進展が待たれます。

古墳時代

3世紀中頃～7世紀頃

＼日本史／
04

「日本」の原型が生まれた

さて、「古墳時代」です。

「古墳」といえば、とりあえず「埴輪《はにわ》」の顔がイメージされるわけですけれども、それはいったん置いておきまして、まずは、「ヤマト政権」です。

「古墳時代」とは、後の日本という国家の原型となる、「ヤマト政権」と呼ばれる政治的なまとまりができていった時代です。

ヤマトとは、もともと、この政権の中心地、奈良周辺を指す言葉ですね。弥生時代後期の「邪馬台国連合」と、この古墳時代の「ヤマト政権」。音はなんとなく似ていますけれども、その間につながりがあるのか、あるとすればどんなつながりがあるのかについては、いろいろな議論があります。

いずれにせよ、各地方の支配者たち、これを「豪族」と呼びますが、**この豪族たちが、「大王《おおきみ》」と呼ばれる支配者を中心に、徐々にヤマト政権を形成していきます。**

後に「天皇」と呼ばれるようになるこの大王《おおきみ》ですが、その中でも特に有名なのが「ワカタケル大王」です。奈良時代に書かれた「日本書紀」の中では、「雄略天皇」とも呼ばれています。

この、ワカタケルの名が刻まれた鉄剣が埼玉県の稲荷山《いなりやま》古墳から、そして同じくワカタケルの名が刻まれていたと考えられる鉄刀が熊本県の江田船山《えたふなやま》古墳から、それぞれ見つかっています。それにより、当時、すなわち5世紀のヤマト政権の支配が、すでに九州から関東

日本書紀
奈良時代に成立した日本の歴史書。舎人親王らの編で、日本に伝わる最古の正史。神話的な物語をはじめ、神武天皇から持統天皇までの歴代の天皇について漢文の編年体で記されている。

北部にまで及んでいたであろうと考えられるわけです。

また、このワカタケル大王は、戦乱が収まりつつあった中国に使いを送っています。

「朝貢」ですね。当時の中国の宋という国が残している『宋書』倭国伝」、これに「武」と呼ばれる倭国の王が登場します。この武がワカタケルのことだといわれています。

さて、**古墳時代を象徴するキーワードはもうひとつあります。「渡来人」です。**

3世紀の中頃から、中国大陸が戦乱に巻き込まれていったことは、弥生時代のところでお話ししました。それにともない、朝鮮半島も、高句麗《こうくり》や新羅《しらぎ》、百済《くだら》、加羅《から》（加耶《かや》）といった国々に分かれ、戦乱の時代を迎えます。

ヤマト政権が、百済や加羅（加耶）とともに高句麗と戦ったこともあったようです。当時、貴重であった鉄資源を求めてのことだと考えられています。

そのような戦乱を避けるためでしょうか、弥生時代の末期から古墳時代にかけて、朝鮮半島から多くの人々が海を渡って日本にやってきます。

こうした人々のことを「渡来人」と呼んでいますが、**彼らは日本に、金属の扱い方や、儒教、そして漢字といった、様々な大陸の文化を伝えてくれました。**

特に6世紀、彼らによって日本に伝えられた「仏教」は、その後すぐ、日本の歴史に大きな影響を与えることになります。

さて、古墳が建造される時代は、この後、もうしばらく続きます。古墳の建造は続くのですが、ただ、だいたい聖徳太子が登場したとされる6世紀後半から後ろを、当時の政治の中心地であった「飛鳥《あすか》」の名をとって「飛鳥時代」と呼ぶこともありますので、この本も、ここから「飛鳥時代」に移っていきたいと思います。

日本史 こぼれ話

ヤマト政権は大陸の強国とどのように渡り合ったのか

少し意外に思われるかもしれませんが、古代の日本は大陸の強国を相手に、時には武力衝突も含め強気に渡り合い、勢力争いを繰り広げていました。

4世紀の朝鮮半島では、北方に高句麗、南方に百済、新羅、そして加羅（加耶）と呼ばれる小国の連合体が存在していました。ヤマト政権はこの加羅に対してある程度影響力を持っており、南進を図る高句麗とヤマト政権の間で戦争が行われたことが、高句麗の好太王《こうたいおう》という王が残した石碑に記されています。

5世紀、6世紀になると、百済と新羅が勢力を拡大し、それぞれ加羅の一部を勢力下に置き、朝鮮半島は高句麗、百済、新羅の三国が並び立つ状態になります。加羅がなくなったことで、ヤマト政権の朝鮮半島における影響力も大幅に後退したようです。6世紀後半、中国大陸を統一した隋《ずい》は高句麗との戦を始めます。この頃、聖徳太子や蘇我馬子《そがのうまこ》が「日出《ひい》づる処《ところ》の天子、書を日没《ひぼつ》する処の天子に致す、恙《つつが》なきや」という「失礼」な手紙を隋に送ったのは、高句麗と戦っている隋が倭国（日本）まで敵に回すことはないだろうと読んだからだとも考えられます。

その後、7世紀に入ると、新羅と唐が連合して、百済を攻めます。このとき百済の救援に向かった倭国の軍が、唐と新羅の連合軍に大敗したのが663年の「白村江《はくすきのえ》の戦い」です。この後、豊臣秀吉の朝鮮出兵まで、日本が大陸での戦乱に積極的に関わることはなくなりました。

飛鳥時代

6世紀末〜7世紀中頃

日本史

05

天皇に権力を集中させようとした

では、「飛鳥時代」です。

だいたい、聖徳太子が歴史の表舞台に登場する593年頃から、都が藤原京、そして平城京に移っていくまでの、約100年間を「飛鳥時代」と呼んでいます。

ひとことで申し上げると、**「中央集権化」の時代**です。

少し詳しく説明します。

この頃、中国では、隋という国が、約400年ぶりに中国大陸を統一します。日本で言えば弥生時代、邪馬台国の頃、あの三国志の時代から続いていた戦乱の時代がようやく終わりを告げるわけです。

この隋という国の強さの秘密は**「律令制」**にありました。権力を国家に集中させたうえで、律令、すなわち法による支配を徹底させようとした国であった、ということです。この律令によって高度にシステム化された国は、軍事的にも強くなっていきます。

このようにして生まれた強国、隋、そしてその後に続く唐の周辺で、いかにして生き延びるか、それがこの時代の朝鮮半島の国々や日本が直面した課題でした。

結論から申し上げると、日本も、日本なりのやり方で、**この「律令制」を整え、権力を国家に集中させ、国力を強化する道を選びます。その過程が「飛鳥時代」という時代です。**

律令制
律令に基づく古代日本の中央集権的な官僚制国家制度。中国の隋・唐の法体系を取り入れて成立した。律は刑法、令はそれ以外の行政上必要な諸法規を言う。飛鳥浄御原令や大宝律令の制定・施行によって完成された。

ではその中央集権化のみちのりを、２人の人物に注目して見ていきましょう。

1人目は厩戸王《うまやどのおう》、後に聖徳太子と呼ばれるようになった人物です。

古墳時代のヤマト政権は、「豪族」と呼ばれる各地の支配者が、「大王《おおきみ》」を中心にまとまる連合体でした。

「まとまる」といえば聞こえはいいですが、この豪族たちの間では、常に熾烈《しれつ》な権力争いが繰り広げられています。そして、その争いは、徐々に、「蘇我氏」と「物部氏《もののべし》」という２つの大豪族の対立に収束していきます。

６世紀に日本に伝えられた仏教、この仏教を受け入れるかどうかをめぐって激しさを増した蘇我氏と物部氏の争いは、最終的に、仏教推進派の蘇我氏の勝利に終わります。

そのようにして蘇我氏の全盛期を築いたのが、蘇我馬子という男であり、その大豪族と組んで、中央集権化を進めていったのが当時の天皇・推古天皇と、その「摂政」であった聖徳太子でした。

さて、聖徳太子は、603年に、**個人の才能や功績によって位《くらい》を定める「冠位十二階」という制度を作ります。**

▶蘇我氏と天皇家の系図

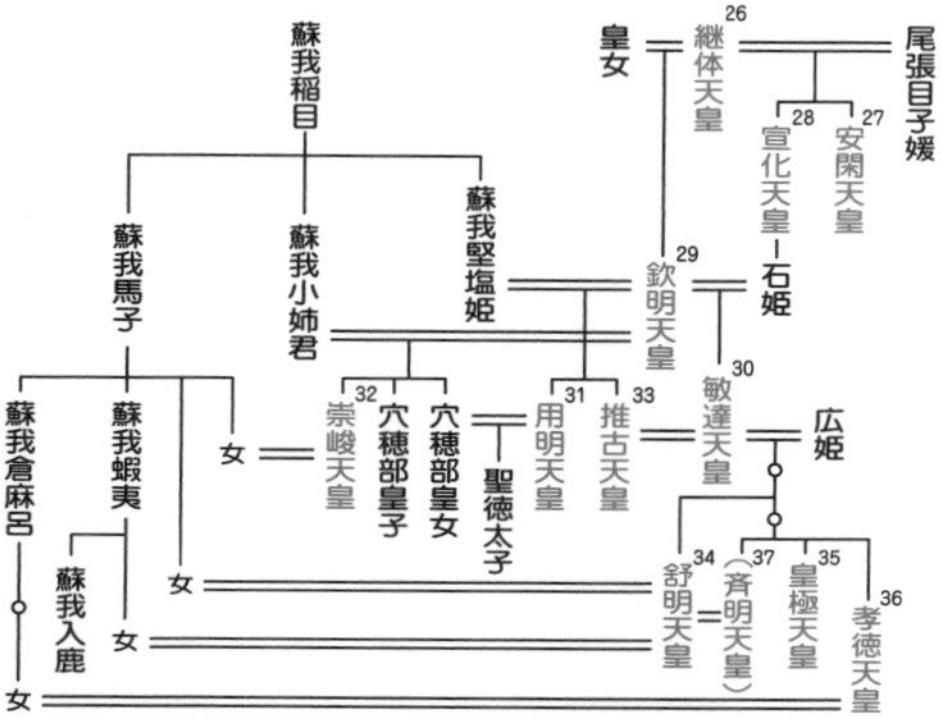

聖徳太子は、父も母も蘇我氏の血を引いているのがわかる。数字は第何代の天皇かを表す。

この制度のポイントは、その位の世襲が認められていない、1代限りのものであるところでした。それまでヤマト政権の要職は、各地の豪族がそれぞれの家柄に応じて独占、そして世襲していました。「冠位十二階」は、その世襲をやめさせることで、豪族の権力を弱

摂政
天皇が幼少、もしくは女性などである際、代わって政務を執り行うために置かれる職。

冠位十二階
日本で初めての位階制度。徳・仁・礼・信・義・智を大小に分けて12階とし、それぞれの階級を紫・青・赤・黄・白・黒の濃淡で表した冠で区別した。従来の氏姓による政治的地位の世襲を打破して個人の能力により人材を登用しようとした。

める効果を持つ制度でした。

この冠位十二階のシステムで新たに選ばれた役人の心構えを示すものとして、あの「和を以《もっ》て貴しとなす」で有名な「十七条憲法」が作られます。

このようにして、聖徳太子は、推古天皇と蘇我馬子とともに、豪族から権力を奪い、日本を、当時の中華帝国・隋のような「中央集権体制」に移行させようとしていったんですよ、ということになるのですが、あれ？　と思われませんか。

蘇我氏も豪族じゃないか、と。聖徳太子が豪族の権力を削っていくのを黙って見てたのか、と。

実は、蘇我馬子は、「冠位十二階」が定める冠位をもらっていません。馬子は冠位をいただく側ではなく、天皇とともに、冠位を授《さず》ける側の人間であったのではないかと考えられています。

十七条憲法
聖徳太子による日本最古の成文法で、604年成立。法典というより道徳的な規範であり、「和を以て貴しとなす」「篤く三宝を敬え」「詔を承けては必ず慎め」といった官僚や貴族に対する心構えを説いている。

つまり、この聖徳太子の時代の中央集権化の過程を、「天皇」対「豪族」の権力争いと見ると、蘇我氏だけは、豪族の側ではなく、天皇の側、天皇の背後にいる、とイメージした方がよさそうです。そんな感じですから、聖徳太子が亡くなると、それまで以上に、蘇我氏のやりたい放題の世の中になっていきます。

そこからもう一度、今度は**権力を蘇我氏から天皇家に移したうえで、再度、中央集権化を進めようと立ち上がったのが中大兄皇子です。**

彼は、同じく蘇我氏のことを快く思っていなかった中臣鎌足《なかとみのかまたり》と組んで、まずは、645年、馬子の孫にあたる蘇我入鹿《いるか》を殺害、次いでその父、蘇我蝦夷《えみし》を自殺に追い込みます。

ここから始まる**中大兄皇子の政治改革全般を「大化の改新」と呼びます。**

中大兄皇子
(626-672年)
後の天智天皇。舒明天皇の第2皇子。645年、中臣鎌足らと謀って蘇我氏を討ち、大化の改新を行った。孝徳、斉明両朝の皇太子として実権を握り、668年に即位した(第38代天皇)。天皇制を中心とした中央集権の強化にあたった。

大化の改新
645年の蘇我氏打倒に始まる政治改革。唐の律令制を手本に、公地公民制による中央集権国家の建設、皇族・豪族の私有地・私有民の廃止、地方行政制度の確立、班田収授の法、租・庸・調の税制を実施する改新の詔を発布した。

彼は「公地公民」という方針を打ち出し、「土地と人民」の所有権を豪族から国へ移そうとします。聖徳太子が「冠位十二階」で、豪族から位、すなわち権力を奪おうとしたのに対し、中大兄皇子は、豪族から土地という財政基盤を奪おうとした、と考えることができます。

権力を1カ所に集中させたうえで、役人はできるだけ文章化された「律令」、法律にしたがって動く、そのうえで、軍として動員できる人間を効率よく確保し、軍事力を強化する。そういった「律令体制」こそが、当時の東アジア世界が目指した最先端の国のあり方で、日本もそれを追いかけていきました。

そんななか、**663年、日本は唐と新羅の連合軍と戦火を交え、大敗北を喫します。「白村江《はくすきのえ》の戦い」です。**

この戦いで、先んじて律令体制に移行した唐の強さを身をもって知った中大兄皇子は、それまで以上に、中央集権化と、それがもたらす軍事力の強化を進めていったのかもしれません。

672年、その中大兄皇子、すなわち天智《てんじ》天皇が亡くなると、今度は息子と弟の間で跡継ぎ争いが起きます。これを**「壬申《じんしん》の乱」**といいますが、結果として弟である大海人皇子《おおあまのみこ》が勝利し、天武天皇として即位します。

今の日本の、衆議院の解散総選挙などを思い浮かべるとわかりやすいですが、自ら大規模な争いに打って出て、そのうえで勝ちますと、その後しばらく堂々と逆らう者はいなくなるわけです。

もともと中大兄皇子の補佐をしながら、信頼と実績を積み重ねていた天武天皇は、壬申の乱を制した後、カリスマとして大きな権力を握り、ここにおいて、天皇中心の中央集権体制が確立したといわれています。

壬申の乱
672年に起こった皇位継承をめぐる古代日本最大の内乱。天智天皇の寵愛を得ていた長子である大友皇子に対して、天智天皇の弟であった大海人皇子が地方豪族を味方に付けて反旗を翻した。大海人皇子が勝利し、天武天皇として即位した。

この国が「日本」と呼ばれるようになったのもこの頃、この国の最高責任者が「天皇」と呼ばれるようになったのもこの頃のことです。

そのうえで、**飛鳥時代末期、701年に、「大宝律令」と呼ばれる本格的な律令が制定**されます。

このようにして、律令体制が整えられていった時代が、中央集権化の時代、「飛鳥時代」という時代でした。

日本史 こぼれ話

「聖徳太子」不在論争に意味はあるのか？

「聖徳太子はいたのか、いなかったのか?」という問いはインパクトがあるため、しばしば目にします。歴史の教科書でも「聖徳太子」という名前が消えたり、戻されようとしたりしているのが現状です。

しかし、そもそも、この問題はその問いの立て方自体に欠陥があると思われます。6世紀末期から7世紀初頭にかけて「厩戸王」という人物が存在していたこと、そしてその厩戸王が、死後100年経たないうちに、仏教を広めた人物として「聖徳太子」と呼ばれ聖人化されていったことは確かだと考えられているからです。

問題は、彼の功績が書かれている「日本書紀」の内容がどこまで正確なのか、ということ。天武天皇の命令によって編纂《へんさん》が始められた「日本書紀」には、政治的な意図が含まれているという考え方が有力です。「日本書紀」は、有力豪族であった蘇我氏が中大兄皇子（後の天智天皇）らに滅ぼされた後に書かれたものなので、蘇我氏の功績が別の人間、すなわち聖徳太子の功績に置きかえて書かれている可能性があるのです。したがって「日本書紀」に登場する「冠位十二階」や「憲法十七条」の制定といった仕事がすべて彼の主導の下に行われたのかどうか、といった部分の真偽にはまだ議論の余地がある、というのが実際のところのようです。

とはいえ、「日本書紀」に書かれていることがすべてウソというわけでもありません。この時代の日本において、隋や唐の脅威に立ち向かい、朝鮮半島との関係において優位に立つために、中央集権化を進めようとした動きがあったことは確かだと考えられています。

日本史 06

早くも律令制が揺らいだ

さて、奈良時代です。710年、なんと大きな平城京、から、794年、なくよウグイス平安京の頃までの約80年間を「奈良時代」と呼びます。

この「奈良時代」、ひとことで言いますと、「律令体制の揺らぎ」です。

「さっき確立したばかりでは!?」という感じかもしれませんが、実際そうだから仕方ありません。

では、なぜ、奈良時代に「律令体制」、天皇中心の中央集権体制が揺らいでいったのか、その大きな理由を2つに分けて、見ていきたいと思います。

ひとつめは、聖武《しょうむ》天皇による仏教重視の政策です。

この時代、飢饉《ききん》や重い税に苦しめられている農民は多かったようです。食べるものがなくて、家のかまどには食事時になっても火がつかない、蜘蛛《くも》の巣まで張っているのに、それでも役人は税を納めろと鞭《むち》をふるう。

「世の中を憂しとやさしと思へども飛び立ちかねつ鳥にしあらねば」という和歌が残っていま

聖武天皇
（701－756年）
第45代天皇。疫病、飢饉、反乱などによって政情・世情が安定しないなか、仏教に深く帰依し、諸国に国分寺、国分尼寺を建てた。また東大寺に巨大な大仏を鋳造した。これらの大事業のため国家財政は窮乏し、人心は朝廷から離反していった。

►平城京

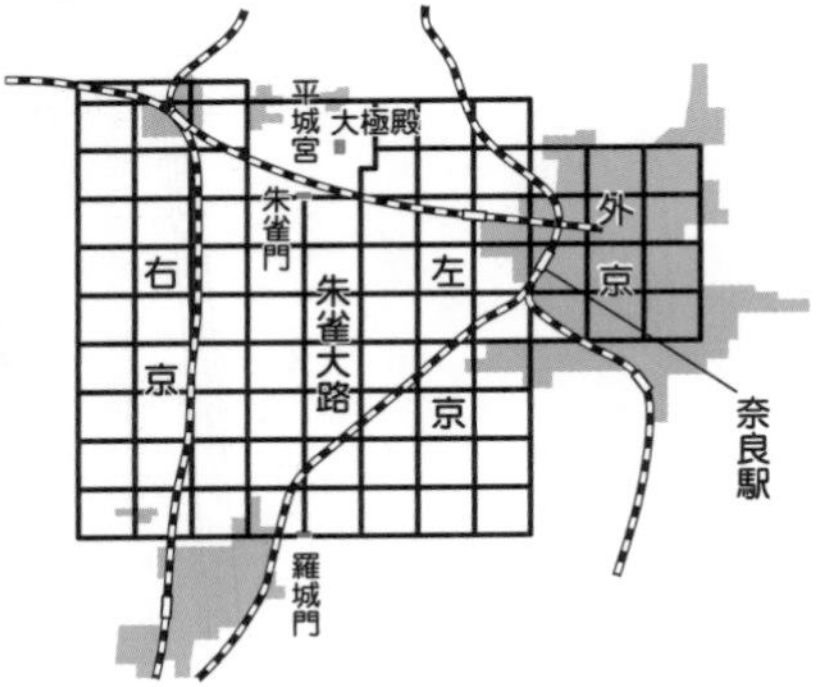

710年、元明天皇により遷都。唐の都・長安をモデルとし、中央を南北に走る朱雀大路によって左京・右京に二分するなど碁盤の目のように整然と区画した。

す。どんなに世の中がつらくても、自分は鳥ではないから、飛んで逃げることもできない。

そんな彼らを救う手っ取り早い方法はですね、税負担を軽減することだったんでしょうけれども、聖武天皇はそうは考えなかったわけですね。

彼は世の中が荒れているのは仏様のご加護が足りないからだと考え、全国に国分寺《こくぶんじ》、国分尼寺《こくぶんにじ》を建設することにします。国ごとに建てられた国分寺の総本山、総国分寺とされたのが東大寺で、その東大寺にはあの有名な大仏が作られました。

そういった仏教重視の政策は、結果として、お坊さんたち、すなわち仏教勢力による政治介入を許し、相対的に天皇の権力は弱くなっていったと考えられています。

国分寺、国分尼寺
聖武天皇が仏教による国家鎮護のため、日本の各国に建立を命じた寺院。正式には国分寺（僧寺）を金光明四天王護国之寺、尼寺を法華滅罪之寺という。東大寺・法華寺は総国分寺・総国分尼寺とされた。

律令体制を揺らがせたもうひとつの要因は、同じく聖武天皇が、743年に制定した「墾田永年私財法《こんでんえいねんしざいほう》」です。

飛鳥時代に天皇の権力を強化するために、土地の所有権を豪族から国に移したわけですが、時代が進むにつれ、この土地、すなわち国が人々に貸し出す「口分田《くぶんでん》」が徐々に不足していきます。

重い税の負担に耐えきれなくなった農民が、口分田を捨てて逃げると、残された土地は荒れ地となります。

また、そもそも人口が少しずつ増加していることもあって、朝廷としては人々に新たに田んぼを作ってもらわないといけない状態になってきたわけです。

が、この田んぼを作るという作業がまた大変な重労働です。木を伐り、根っこを引き抜いて、大きな石をどかし、固い地面を耕《たがや》して、小石を全部取り除き……と、基本的にすべて人力です。チェーンソーやトラクターはまだありません。

というわけで、基本的に自分が死んだら朝廷に返すことになる土地を進んで開墾《かいこん》しようという農民はいませんし、そんな余裕もありませんでした。

そこで聖武天皇は743年に「墾田永年私財法」という法律を制定し、あらたに開墾した土地の私有を認めることにします。

ここに、またしても、国のものではない誰かさんの土地、というものが誕生してしまったわけです。

藤原氏に代表される貴族たちや有力な寺や神社は、この私有地を「荘園」とし、荘園への役人の立ち入りを認めず、さらに荘園の収穫からは税を納めなくてもよいとする権利を手に入れました。これを「不輸不入《ふゆふにゅう》の権」といいますが、結果として彼らの経済力は強化され、相対的に天皇の権力は弱くなっていきました。

荘園
開墾推進の一環として723年に三世一身法が発布されたが、期限付きの私有では効果が上がらなかった。墾田永年私財法によって土地の私有が認められると、資本を持つ中央貴族・大寺社・地方豪族は争って墾田を進め、大規模な土地私有が出現した。

このように「聖武天皇による仏教重視の政策」と「墾田永年私財法」の2つにより、天皇中心の中央集権体制が徐々に揺らいでいったのが、奈良時代、という時代です。

とはいえ、そんな中央集権体制を、時代に合わせて立てなおそうとした人もいました。平安時代、桓武《かんむ》天皇の話に移っていきたいと思います。

日本史　こぼれ話

実はドロドロ!?
昼ドラみたいな「奈良時代」

本編では、奈良時代を「中央集権の揺らぎ」という言葉でまとめました。しかし、少し視点を変えてみると、皇族、貴族たちによるドロドロの権力闘争の時代、「権謀術策《けんぼうじゅっさく》の時代」と見ることもできます。

飛鳥時代末期、絶大な権力を握っていたのは、中臣鎌足の息子にあたる藤原不比等《ふひと》でした。彼は大宝律令の制定や平城京への遷都にも積極的に関わっています。その不比等が死ぬと、天武天皇の孫、長屋王《ながやおう》が右大臣となって政治の実権を握ります。この長屋王は藤原氏にとっては政敵であったため、不比等の４人の息子たちは策謀によってこの長屋王を自殺に追い込みます。そして、藤原氏は一族の娘・光明子《こうみょうし》を聖武天皇の皇后とし、天皇家との結びつきを深めていきますが、今度は都で天然痘が流行し、藤原四兄弟が全員死亡します。

藤原氏に代わり政治の実権を握ったのは皇族の橘諸兄《たちばなのもろえ》でしたが、その彼も光明皇后の寵愛《ちょうあい》を受けた藤原仲麻呂によって引退に追い込まれます。しかし、今度はその光明が亡くなり、その娘、孝謙上皇が道鏡《どうきょう》という僧を寵愛し始めると、権力を奪われることに危機感を募らせた仲麻呂は兵を挙げ、権力を取り戻そうとして失敗。結果、仲麻呂は死亡します。しかし、その道鏡も、天皇の座に就こうとして失敗し、権力を失います。

やがて桓武天皇の世になり、都は平安京へと移るのですが、奈良という時代は、80年の間にこれほどの権力闘争があった、短くも濃い時代だったといえるでしょう。

日本史
07

貴族が栄華をきわめた

では、平安時代に入ります。「貴族の時代」です。

平安時代を代表する人物といえば、やはり、あの大貴族、**「藤原道長」**ということになるんでしょう。彼と、そして彼の周囲で花開いた、十二単《じゅうにひとえ》や『源氏物語』などに代表される華やかな国風文化、そういったものに象徴される「貴族の時代」、それが「平安時代」のイメージです。

しかし、意外に思われる方もいらっしゃるかもしれませんが、平安時代というのは、400年近く続く非常に長い時代です。旧石

藤原道長
(966-1028年)
摂政藤原兼家の五男。娘を次々と立后させて3代の天皇の外戚となり、摂政として政権を独占、藤原氏の全盛時代を現出させた。晩年に出家し、法成寺を造営した。関白になってはいないが御堂関白と称された。

器・縄文・弥生を除けばいちばん長い。約260年続いた江戸時代よりも長い時代ですので、「桓武天皇」「藤原摂関政治」「白河院政」、そして「平氏政権」の4つの段階に分けて、流れを追っていきたいと思います。

まずは「桓武天皇」の政治です。

先ほど、奈良時代は、律令体制が早くも揺らいだ時代だと申し上げましたが、**その律令体制を、時代に合わせて立てなおそうとしたのが平安時代の最初の天皇、「桓武天皇」でした。**

桓武天皇といえば、やはり794年、鳴くよウグイス平安京、都を奈良から京都の平安京に移した天皇として有名です。

奈良の平城京を捨てた理由は複数あるようですが、そのなかでもわかりやすい理由のひとつは、平城京、すなわち奈良にあった寺に京都への引っ越しを禁止することで、仏教勢力による政治介入を防ごうとしたというものです。

桓武天皇
(737-806年)
第50代天皇。光仁天皇の皇子。長岡京・平安京への遷都を行う。坂上田村麻呂を征夷大将軍として東北地方に派遣した他、地方政治に力を注いだ。最澄・空海の登用により平安仏教を確立して奈良時代の仏教政治の弊を除いた。

しかし、当然のことですが、都の造営には多額の費用がかかります。同じ頃、桓武天皇が進めようとしていた、東北地方の蝦夷との戦《いくさ》も、同じく膨大な費用を消費するものでした。

結局、天皇の力は徐々に弱くなり、**平安時代第2章、「藤原摂関政治」が始まります。**

「摂政《せっしょう》」とは、天皇が女性か子どものときに、天皇に代わって政治を行う人を指し、「関白」とは、成人男子である天皇の代わりに政治を行う人を指します。

聖徳太子が推古天皇の摂政であったのは有名ですが、彼は推古天皇の甥《おい》にあたる、要するに天皇家の人間でした。

▶藤原氏と天皇家の関係

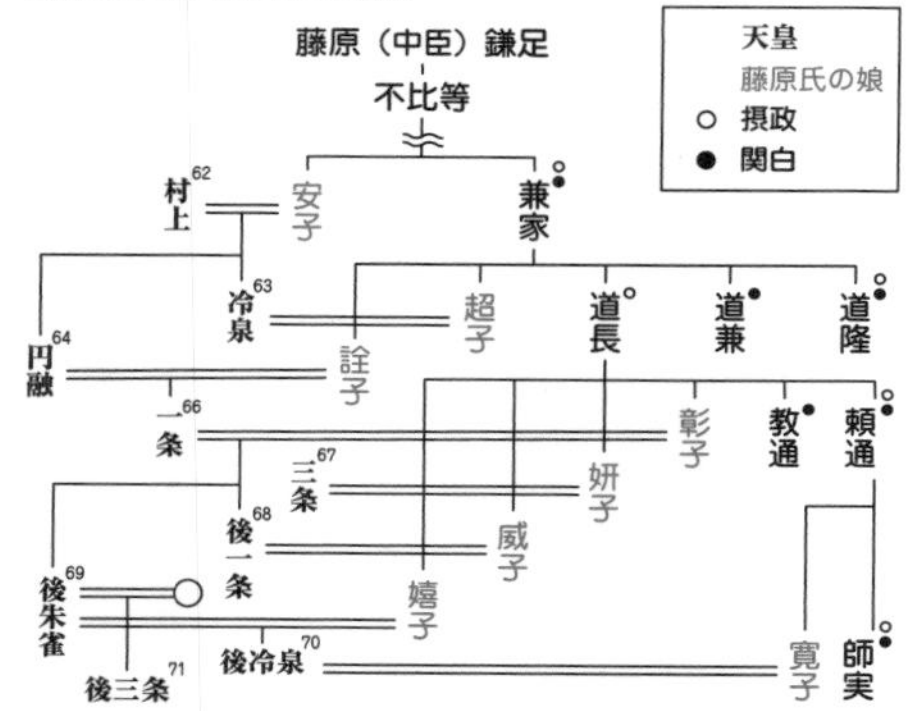

藤原氏は、娘を天皇に嫁がせ、生まれた子を次の天皇とし、天皇の親戚として絶大な権力を握ってきた。中でも道長は４人の娘を順番に天皇に嫁がせ、栄華を誇った。数字は即位順。

866年、藤原良房《ふじわらのよしふさ》という人物が、天皇家以外の人として初めて、摂政に就任します。そしてその良房の甥であり、後に養子となった藤原基経《もとつね》は最初の関白となりました。ちなみにその基経の子、時平《ときひら》は、あの遣唐使の廃止で有名な菅原道真《すがわらのみちざね》を大宰府《だざいふ》に左遷した人です。

荘園から莫大な収入を得、他の有力貴族を都から追放する。さらに娘を天皇に嫁がせ、生まれた子を次の天皇とし、天皇の親戚として絶大な権力を握る。そんな藤原氏による摂関政治が全盛期を迎えたのは、藤原道長・頼通《よりみち》親子の時代でした。

藤原道長は4人の娘を順番に天皇に嫁がせていて、1018年、3人目の娘を天皇に嫁がせたときのパーティーの場で詠《よ》んだのが、あの有名な「この世をばわが世とぞ思ふ望月《もちづき》の欠けたることもなしと思へば」という和歌でした。

藤原良房
(804-872年)
平安時代初期の公卿。皇族以外の人臣として初めて摂政となる。承和の変、応天門の変で地位を固め、文徳、清和天皇の外戚として権勢を振るった。藤原北家全盛の礎を築き、その子孫は相次いで摂関となっている。

ただ、この摂関政治を維持するには、乗り越えなければならない条件があります。まず娘が生まれなくてはいけません。そのうえで、その娘と天皇の間に男の子が生まれなければなりません。

道長の子、頼通には娘は生まれたのですが、その娘と天皇の間に男の子が生まれなかった。その結果、藤原氏の権力は急速に弱体化、天皇のもとに権力が戻ることになります。

平安時代第3章、「白河院政」の始まりです。

白河天皇は自分の血を引く者たちに天皇の位を継がせることに異常なまでの執念を燃やしていた節があったようで、早々に天皇の位を息子に譲ります。

しかし、彼が息子に譲ったのはあくまで天皇という立場だけであり、政治を動かす権力は自らのもとに留めておきます。

白河天皇
（1053－1129年）
第72代天皇。後三条天皇の第一皇子。天皇を退いた後も上皇として政務をとり、後に仏教に帰依し法皇となるも、堀河、鳥羽、崇徳天皇の3代にわたって43年間院政を行った。

天皇をやめた人間を上皇と呼びますが、1086年に彼が始めた、この上皇による政治を「院政」と呼びます。

当時の白河上皇が、自分の思い通りにならないものとして、「鴨川の水、すごろくのさい、山法師」の3つを挙げた、という言い伝えが残っています。

鴨川は、平安京の近くを流れる、しばしば洪水を起こす川で、要するに治水の難しさというものがわかります。すごろくのさいはサイコロ、白河上皇が大好きだったといわれるギャンブルを指しています。まあ、いかさまをしなければ、そう思い通りになるものではありません。最後の「山法師」とは、延暦寺《えんりゃくじ》や興福寺の僧兵たちのことです。修行のなかで身体を鍛え、軍事組織としての一面を持つようになった彼らは、しばしば、神木や神輿を担いで山を下り、朝廷や国司相手に自分たちの要求を通そうとしました。

なんかもう無茶苦茶ですよね。それ以外のものはすべて思い通りになったという白河の権力の強さも見て取れますし、逆に、律令が目指した「法の支配」がかなり機能しなくなっていることもわかります。

平安時代という時代は、ひとことでいえば藤原氏に代表される「貴族の時代」ですが、しかし、その裏で、この混乱のなかで、**次の時代を担う「武士」が生まれた時代でもあります。**

10世紀頃から、朝廷は地方の政治を本格的に「国司」と呼ばれる貴族たちに任せるようになります。国司たちは、朝廷のコントロールが利かない状態で、課税率まである程度動かせるようになり、自らの私腹を肥やすために、悪の限りを尽くします。

すると、地方の豪族や有力農民たちのなかには、集団で武装し、ときに国司に抵抗するようになる者も出てきます。

国司
古代から中世の日本で、地方行政単位である国の行政官として中央から派遣された官吏。中央貴族が交代で派遣され、地方豪族の郡司・里長らを指揮して各国の行政にあたった。

武装ついでに、盗賊と化し、都に運ばれる税などをかすめとる者も増えていったようです。

そうなると、今度は税を取り立てる国司の側にも軍事力が必要になり、公的な権力を背景に武装していく者も増えていきました。

そのような流れのなかで生まれた「武士」と呼ばれる人々は、いくつかの地方の戦乱を経て、徐々に大きな武士団を形成します。

12世紀に入った頃には、西日本には平氏が、関東には源氏が、そして東北には奥州藤原氏が、それぞれ武士の一族として勢力を広げていました。

そんななか、武士たちが脚光を浴びるイベントが発生します。

1156年、「保元の乱」です。天皇家の跡継ぎ争いに、摂関家の権力闘争が絡み、そこに全国の武士たちが参戦、京都を舞台にした戦争に発展します。

奥州藤原氏
平安末期、平泉を拠点に出羽を含む東北地方一帯に勢力を張った大豪族。初代清衡以降、基衡、秀衡、泰衡の4代をいう。1189年、源頼朝によって滅ぼされた。

保元の乱
1156年に起きた皇位継承問題と摂関家の内紛による内乱。皇室では崇徳上皇と後白河天皇とが、摂関家では藤原頼長と忠通とが対立。源義朝や平清盛らの軍を招じ入れて戦いとなった。貴族の無力化と武士の実力を示す事件となり、武士の進出を促した。

この「保元の乱」こそが、時代の担い手が貴族から武士に切り替わっていく、ひとつの転換点です。

その保元の乱を制した「後白河天皇《ごしらかわ》」の下に、有力な武士が2名いました。**平清盛**と**源 義朝《みなもとのよしとも》**です。

「保元の乱」の3年後、この2人の対立が、新たな戦争「平治の乱」に至ります。平が治めると書く通り、この乱を制した平清盛が、政治の実権を握ることになります。

「平氏にあらずんば人にあらず」とまでいわれた平氏の世が訪れます。**平安時代第4章「平氏政権」です。**

源義朝を倒して政治の実権を握った平清盛は、1167年、太政大臣の位に就きます。

後白河天皇
（1127－1192年）
第77代天皇。近衛天皇の急死で皇位を継いだ。譲位後は34年にわたり院政を行う。その間、保元の乱には勝利するも、平治の乱や鎌倉幕府の成立など激しく情勢が変化。幾度となく幽閉に追い込まれるが、そのたびに権謀術数で対処した。

平清盛
（1118－1181年）
平安時代末期の武将・公卿。保元の乱で後白河天皇について勝利を得、平治の乱で源義朝らを追討。太政大臣に任じられる。「日宋貿易」を振興し、六波羅政権を樹立。娘徳子を高倉天皇の妃とし、その子安徳天皇の即位により皇室の外戚として権力を振るった。

この「太政大臣」という位がポイントです。太政大臣というのは貴族の最高位なのです。

ちなみに、武士が就くことができる最高位は「征夷大将軍」です。

清盛は武士の棟梁《とうりょう》として歴史の舞台に登場したわけですが、権力を握るやいなや、貴族になってしまうんですね。

少し前の太政大臣、藤原道長へのあこがれのようなものがあったのかもしれません。娘を天皇に嫁がせる、といった摂関政治的なこともやっています。

「だから」かどうかはわかりませんが、後に、平家物語が、「おごれるものも久しからず」と詠ったように、平氏の世は長くは続きません。

このあたりはご存じの方も多いところかと思いますが、平治の乱

源義朝
(1123-1160年)
平安時代末期の河内源氏の武将。源頼朝・義経らの父。保元の乱には平清盛とともに後白河天皇の陣営に加わり勝利を得、左馬権頭に任じられた。しかし、清盛と対立し、藤原信頼と結んで平治の乱を起こしたが、敗れて尾張で殺された。

平治の乱
1159年、京都で起きた内乱。保元の乱後、後白河天皇の院政の下、院近臣や武士の間で権力争いが激化。藤原通憲と結んで勢力を伸ばす平清盛を打倒しようと、源義朝が藤原信頼と結んで挙兵した。結局、義朝・信頼は殺され、平氏政権が出現した。

の後、結果的に源義朝の息子の源頼朝と源義経は生き延び、打倒平氏の軍を挙げることになります。

源平合戦の始まりです。

石橋山の戦いから始まるこの一連の合戦は、富士川の戦い、鵯越《ひよどりごえ》の逆落《さかおと》しで有名な一ノ谷《いちのたに》の戦い、弓の名手、那須与一が名をはせた屋島の戦いを経て、1185年、壇ノ浦《だんのうら》の戦いで、源氏の勝利という形で幕を下ろします。

さて、ここまでの流れを、視点を変えて、このときの天皇家の代表、後白河の側から見てみましょう。

藤原氏の力が弱まり、いったんは自分たち天皇家の側に権力が戻ってきたかに見えたわけですが、保元の乱を制したのもつかの間、平治の乱を経て、いつの間にか権力は平氏に握られている。

その平氏がすぐに滅んだのはいいですが、今度はその平氏を滅ぼ

源頼朝
（1147－1199年）
鎌倉幕府初代将軍。義朝の三男。平治の乱後、伊豆国へ流される。以仁王の令旨を受けて平氏打倒の兵を挙げる。鎌倉を本拠に関東を制圧、平氏を滅ぼして天下を平定した。諸国に守護と地頭を配して力を強め、武家政権としての幕府を開いた。

源義経
（1159－1189年）
源義朝の九男。鎌倉幕府を開いた頼朝の異母弟。兄の挙兵に応じて義仲を討ち、平氏を次々に撃破するなど、大きな戦功を立てた。しかし、頼朝と不和になり、奥州藤原氏を頼ったが、秀衡の死後、その子泰衡に襲われ自殺した。

► 源平合戦の場所と当時の勢力図

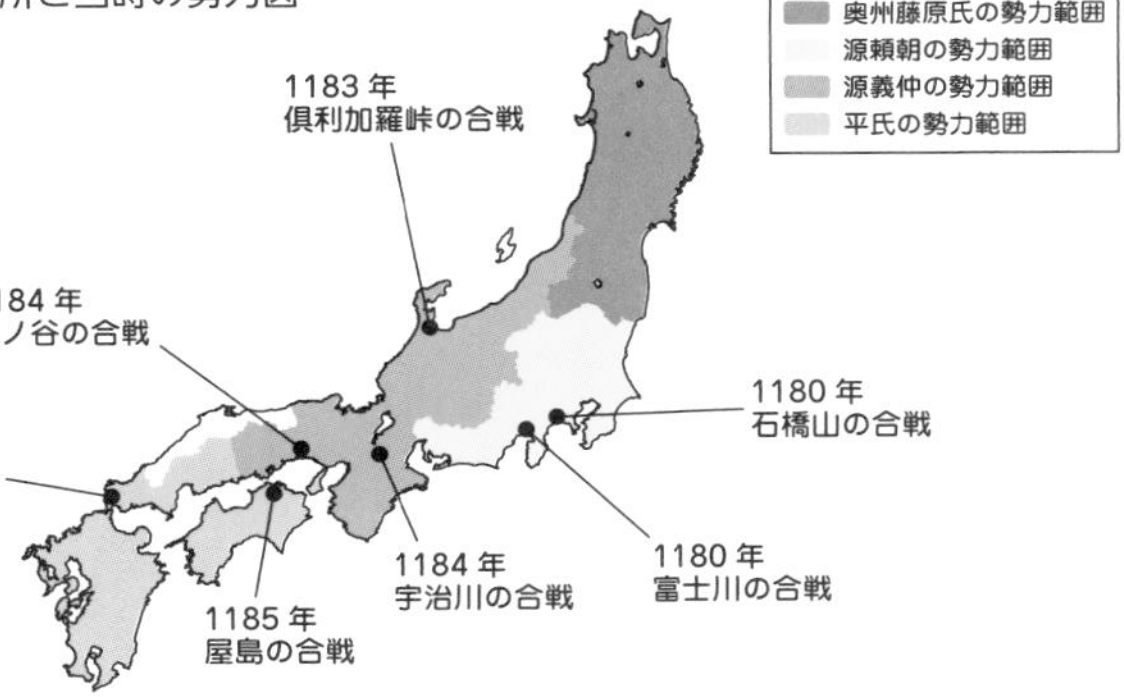

石橋山の戦いから始まる源平の合戦は、1185 年、壇ノ浦の戦いで、源氏の勝利に終わる。

した源氏が世の中を支配しようとしている。

後白河から見て、この流れが面白いはずがありません。

源氏の力を削るため、後白河は頼朝の弟義経に、兄頼朝追討の命令を出します。

しかしこの後白河と頼朝の闘争は、頼朝の方が何倍も上手《うわて》でした。間髪《かんはつ》を入れず、頼朝は京都にいる後白河のもとに軍を送ります。今や日本最強の鎌倉武士団の棟梁である頼朝です。自らを追討しろという命令を撤回させるだけではすませません。

頼朝は後白河に、自分の部下の武士たち、これを御家人と呼びますが、**この御家人たちを「守護」と「地頭」として全国に配置することを認めさせます。**

国ごとに配置された「守護」は、その国の軍事権と警察権をつかさどる存在です。国の政治は、もともと朝廷から任命された「国司」が行っていたわけですが、守護は、その武力を背景に、徐々に、国司から行政権までも奪っていきます。

「地頭」は、荘園ごとに配置され、年貢を集めたり、治安を守ったりする役割を担います。こちらも、もともとの荘園の持ち主に代わって、徐々に、荘園に対する影響力を増していきます。

ここにおいて、頼朝の支配がついに全国に及んだと考えることができます。

平安時代が「貴族の時代」であるとすると、その後に続く鎌倉時代は「武士の時代」です。

以前は、源頼朝が、武士の最高位、征夷大将軍《せいいたいしょうぐん》に就任した1192年を鎌倉時代の始まりと捉える考え方が一般的でした。しかし、近年では、守護と地頭の配置によって、実質的に頼朝の支配が全国に及んだ、この1185年を鎌倉時代の始まり、と捉える考え方も有力です。

したがって、この本も、ここで次の「鎌倉時代」に移りたいと思います。

日本史 こぼれ話

怨霊のせいで都が変わった！ 平安京にまつわるホラー

「千年の都」といわれる京都。その起源は794年に造営された平安京です。しかし、この平安京、実は「怨霊《おんりょう》」が原因で造られたことをご存じでしょうか？

平城京を捨てることを決めた桓武天皇は、784年に長岡京に遷都します。しかし、この長岡京では、なぜか不幸なことが立て続けに起こりました。京の造営の責任者で桓武天皇の腹心だった藤原種継《たねつぐ》の暗殺をきっかけに、桓武天皇の弟で、皇太子であった早良《さわら》親王《しんのう》が、事件に関与したとされ捕らえられ亡くなってしまうのです。

問題なのは、桓武天皇が早良親王の死に伴って、自らの息子を皇太子にしたことでした。早良親王は、桓武天皇が皇子を皇太子にするために、無実の罪をきせられたのではないかという疑惑が広がりました。そんななか、桓武天皇の母と妻が相次いで亡くなり、これが早良親王の怨霊によるものではないかと言われました。そのため桓武天皇は再遷都を決断、新たな都「平安京」に移ります。

それにしても、現代人の感覚からすると、ちょっと不思議なくらいに当時の人々は大真面目に怨霊を恐れていました。たとえば、「学問の神様」として知られる菅原道真も、元は怨霊として恐れられた1人です。都での権力闘争に敗れた道真は、左遷先の九州の大宰府で亡くなりました。その後、彼の政敵だった人物が次々と死亡したため、人々は大いに恐れ、北野天満宮を建立し祟《たた》りを鎮めようとしました。やがて日本中に広がる「天神様」への信仰も、もともとは怨霊がきっかけだったのです。

鎌倉時代

1185年〜1333年

日本史 08

武士が政治を行うようになった

さあ、鎌倉時代です。「武士の時代」の到来です。

この時代を知るうえで理解しておきたい大きなイベントは2つ、鎌倉幕府が支配力を増した「承久《じょうきゅう》の乱」と、鎌倉幕府の弱体化を招いた「文永・弘安の役《えき》」、すなわち元寇《げんこう》です。

ひとつずつ見ていきましょう。

1185年に壇ノ浦で平氏を滅ぼし、部下の御家人たちを守護と地頭として全国に設置した頼朝は、その後、東北地方を支配していた奥州藤原氏を滅ぼし、1192年、征夷大将軍に任命されます。

とはいえ、この時点では、頼朝、鎌倉殿の支配は東日本中心のものので、西日本においてはまだまだ朝廷の力が強かったのも事実です。

この状況が大きく変わるきっかけとなったのが、1221年の「承久の乱」です。

初代将軍、源頼朝が亡くなると、頼朝の妻、政子の一族、北条氏が政治の実権を握ります。

そんななか、誰がどんな陰謀を張りめぐらせたのかわかりませんが、2代将軍と3代将軍が連続して殺され、源氏の跡取りが途絶えてしまいます。

最高責任者の跡取りが途絶えたわけですから、外から見れば組織のピンチに見えます。

逆に言えば幕府を倒すチャンスなわけです。

承久の乱
1221年、後鳥羽上皇が鎌倉幕府打倒の兵を挙げた事件。鎌倉幕府の執権である北条義時によって鎮圧され、事件に関わった後鳥羽・土御門・順徳の3上皇は配流された。その後、朝廷監視のため六波羅探題が置かれ、幕府の絶対的優位が確立した。

武士から政治の実権を取り戻したい朝廷、すなわち**後鳥羽上皇**もそう考えました。上皇は、すぐさま、幕府を倒すための軍を挙げます。

しかし、なんのことはない、鎌倉幕府を実質的に運営しているのは、すでに源氏ではなく北条氏であったわけです。源氏の将軍がいなくなったところで、組織の運営上、特に大きな問題はないわけですね。

北条氏によって統率された幕府の御家人たちは朝廷軍を撃破、後鳥羽上皇は隠岐《おき》に島流しにされます。

後鳥羽上皇（1180－1239年）
第82代天皇。土御門天皇に譲位後、3代にわたって院政を行う。西面の武士を新設して武力の充実に努め、鎌倉幕府の打倒を企てたが敗れ（承久の乱）、隠岐に流され、同島で没した。

▶鎌倉幕府の組織

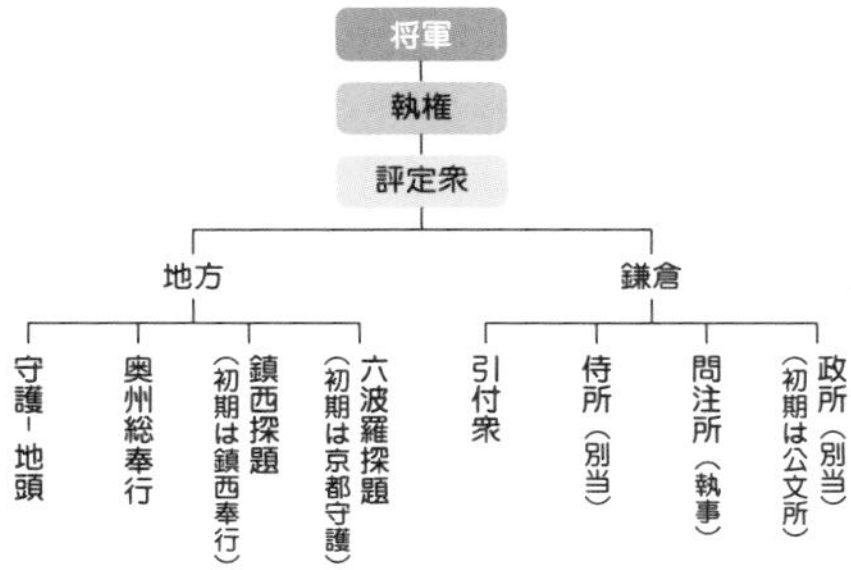

源頼朝が亡くなると、頼朝の妻、政子の一族である北条氏が政治の実権を握り、鎌倉幕府のナンバー2の役職「執権」の座を世襲した。

この承久の乱の後、鎌倉幕府は、鎌倉幕府西日本支部ともいうべき「六波羅探題《ろくはらたんだい》」を京都に設置、朝廷に対して優位に立ち、それまで以上に西日本にも勢力を伸ばしていきました。

ちなみにここがポイントですが、3代将軍が死んだ後、北条氏が代わりに将軍になったわけではありません。源氏にゆかりのある人間を将軍の位に据えたうえで、**北条氏は鎌倉幕府のナンバー2の「執権」の座を世襲し、幕府の実権を握り続けます。**

鎌倉幕府といえば、源頼朝、すなわち「源氏」のイメージが強いですが、源氏が政治の実権を握っていたのは実際には頼朝の時代だけで、彼の死後はずっと、この「北条執権政治」が続きます。

さて、8代執権、北条時宗の時代に大きな事件が起きます。元寇です。

執権
鎌倉幕府の職名。将軍を助け政務を統轄した。源頼朝の死後、北条氏が台頭、第3代将軍源実朝のとき北条時政が執権に就任し、以後、北条氏が世襲した。鎌倉幕府の事実上の最高責任者。

北条時宗
（1251－1284年）
鎌倉幕府第8代執権。服属を要求する元に対して強硬策をとり、文永の役・弘安の役（元寇）でその侵攻を撃退した。禅を信仰し、宋より無学祖元を招き、円覚寺を建立した。

世界史的に見れば13世紀はモンゴルの世紀。広大なモンゴル帝国を築いたチンギス・ハンの孫、フビライが、中国に元という王朝を建て、朝鮮半島の高麗《こうらい》を服属させた後、日本に服属を要求します。

これを執権、北条時宗が拒否したため、元が2度にわたって日本に軍を送ってきます。1274年の文永の役《えき》と1281年の弘安の役です。

これがどのような戦であったのかについては諸説ありますが、いずれにせよ、幕府軍は日本を元から防衛することに成功しました。

さて、少し話が変わってしまいますが、鎌倉時代における幕府と御家人の主従関係を「封建制度」と呼んでいます。

「いざ鎌倉」や「御恩と奉公」といったキーワードで説明されることの多いこの制度の**最大のポイントは、幕府に仕《つか》える御家人に幕府が報いる、この「御恩」が土地だということです。**

御恩と奉公
中世の日本における、武士の封建的な主従関係を表した概念。御恩は、主人が従者の所領支配を保障すること（本領安堵）、または新たな土地給与を行うこと（新恩給与）など。一方、奉公は、従者が主人に対して負担した軍役・経済負担などであった。

鎌倉時代の御家人たちは、今のサラリーマンのように幕府から「給料」をもらうのではなく、幕府から「土地」を与えられ、普段はその土地を耕して、そこから食料や財産を手に入れていました。

元寇において御家人たちは幕府のために私財をなげうって一所懸命に戦い、そして勝ったわけです。

しかし、勝ったとはいえ、元寇は防衛戦であったため、幕府、そして、御家人たちは新しい土地を手に入れることができませんでした。そのため、**多くの御家人たちは経済的に苦しい状況に置かれることになり、幕府の求心力は大きく低下していきます。**

そんな弱った幕府を見て、ときの天皇、後醍醐《ごだいご》は、政治の実権を自らの手に取り戻すべく、立ち上がります。

結果、1333年、後醍醐天皇に仕えた楠木正成《くすのきまさしげ》、足利尊氏《あしかがたかうじ》、そして新田義貞《にったよしさだ》といった武士たちの手で、鎌倉幕府は滅ぼされることになりました。

日本史　こぼれ話

幕府の実権を源氏から奪った北条氏の戦略

「鎌倉時代」と聞くと初代将軍・源頼朝のイメージが強いのですが、実は頼朝の子孫が将軍の座に就いたのは3代まで。その後、長期にわたって政治の実権を握ったのは、執権の座にあった北条氏です。彼らは、いかにして源氏から権力を奪ったのでしょうか？

源頼朝は1199年に亡くなります。鎌倉時代前半の歴史は、主に『吾妻鏡《あずまかがみ》』という歴史書が教えてくれるのですが、北条氏による政治的な影響力が垣間見《かいまみ》えるこの歴史書には、頼朝の死の真相が書かれていません。したがって、まず、この頼朝の死が自然死であったかもわかりません。いずれにせよ、頼朝の死後、嫡男《ちゃくなん》の頼家《よりいえ》が将軍になります。しかし、頼家はまだ18歳であったにもかかわらず、独断で政治を進めようとして、幕府の実力者たちの反感を買い、政治は頼家の母、政子の父である北条時政を中心とする有力御家人13名による合議制で進められることになります。頼家が伊豆の修善寺に幽閉され、頼家の弟、実朝《さねとも》が3代将軍の座に就くと、それに並行して時政は他の有力御家人たちを滅ぼしていきます。

時政は1204年、幽閉中の頼家を殺害。やがて実朝も頼家の息子・公暁《くぎょう》に殺され、源氏の直系が途絶えてしまいます。その後、藤原摂関家や天皇家の人間が「お飾り」として将軍の座に据えられますが、実際の権力は北条氏が握り続けることとなり、鎌倉時代を通してその体制が続いていきます。やがて、元寇を機に鎌倉幕府は弱体化。1333年に鎌倉幕府は滅亡するのですが、それまでの間、北条一門は強権を手にし続けました。

建武の新政

1333年～1336年

＼日本史／

09

天皇が武士から権力を奪い返そうとした

さて、鎌倉時代が終わった後、すぐに室町時代が始まるわけではないところが少しややこしいところです。

1333年に鎌倉幕府が滅亡してから、1338年に足利尊氏が新たに幕府を開くまでの数年間、この間にいったい何が起きていたのか、そこをしっかりと確認しておきましょう。

鎌倉幕府を滅ぼした後醍醐天皇は、その後、天皇自ら政治の実権を握ろうとします。

後醍醐天皇
（1288－1339年）
第96代天皇。天皇親政・人材登用など政治改革に努め、鎌倉幕府打倒を謀ったが失敗し、隠岐に流された。その後、楠木正成、足利尊氏らの働きで鎌倉幕府が滅亡。建武の新政を実施したものの、尊氏の離反に遭って吉野へ逃れ、南朝政権を樹立した。

まあ、そのために鎌倉幕府を滅ぼしたわけですから当然と言えば当然ですが、この後醍醐天皇による政治を何と呼ぶか、覚えていらっしゃいますか？　そう、**「建武の新政」**です。

後醍醐は、政治の全権を自分に集中させ、自らが出す命令書「綸旨」で世の中を動かしていこうとします。

その結果、どうなるか。人々から「綸旨」を求める訴えが殺到するわけですね。

全国レベルで殺到する訴えを、後醍醐が1人でさばききれるはずもなく、結果として政治は停滞、世の中は荒れていきます。

そもそもこの時代、うねりや勢いのようなものは間違いなく武士の側にあったわけで、その武士よりも、天皇・公家を優遇した後醍醐の政治は、時代の大きな流れに逆行していたんでしょう。

後醍醐の政治に不満を抱いた武士たちの期待は、当時、武家の代表としての地位を確立しつつあった足利尊氏の下に集まります。

1336年、ついに足利尊氏は後醍醐に反旗を翻します。「建武の新政」はわずか数年で終わりを告げました。

ここですぐに、尊氏が幕府を開いてくれれば、まだわかりやすいんですが、もうちょっとだけガマンです。

都で、後醍醐に代わる新たな天皇を立てた尊氏に対し、後醍醐は奈良の吉野に逃げ、自らが正統な天皇であると主張し続けます。

ここからしばらく続く**「天皇2人時代」を、「南北朝時代」と呼んでいます。**

尊氏がすぐに吉野の後醍醐のもとへ軍を送ることができれば、この天皇2人状態はすぐに解消されたんでしょう。

足利尊氏
（1305-1358年）
室町幕府の初代将軍。初め高氏と称した。鎌倉幕府の命で上洛したが、倒幕に転じ六波羅探題を滅ぼす。後に後醍醐天皇と対立を深め、建武式目を制定して幕府を開き征夷大将軍となった。その後、光明天皇を立てて北朝を興し、吉野の南朝政権と対立した。

しかし、足利氏を中心とした武家の中でも権力闘争があり、尊氏は、そちらをまとめるので手一杯。この時点で吉野を制圧できません。

尊氏は南朝を無視し、1338年、自らが立てた北朝の天皇に、自分を征夷大将軍に任命させ、京都に幕府を開きます。

天皇2人状態、すなわち「南北朝時代」はまだ続きますが、それと並行して、このあたりから室町時代が始まりますので、この章もここで終わりとします。

日本史　こぼれ話

持明院統 vs 大覚寺統、天皇家の対立

古代から、天皇家の皇位継承問題は血で血を洗う争いに発展することも多かったわけですが、院政が始まると皇位をめぐる争いに加えて、「誰が上皇として権力を握るか」という争いも頻発し、事態はかなり複雑になっていきます。その代表的な例が、「持明院統《じみょういんとう》」と「大覚寺統《だいかくじとう》」という2つの大きな血筋の対立です。

鎌倉時代中期に在位した後嵯峨《ごさが》天皇は、その位を自らの4歳の息子、後深草《ごふかくさ》に譲って上皇として院政を始めます。その後、後嵯峨は後深草の弟、亀山天皇を皇位に就けますが、その後、院政の後継者の決定を半ば幕府に委ねる形で後嵯峨は亡くなります。ここから天皇家は「持明院統」と呼ばれる後深草の血筋と、「大覚寺統」と呼ばれる亀山の血筋に分かれて激しい争いを繰り広げます。

天皇や上皇の位の認定には幕府が強い影響力を持っていたため、両統による幕府への工作は熾烈《しれつ》になっていきます。次第に幕府はめんどうくさくなっていった……かどうかはわかりませんが、朝廷に対し幕府は、天皇を両統から交互に出す「両統迭立《りょうとうてつりつ》」を勧めます。

この「両統迭立」を徹底すると、天皇は皇位を自分の息子に継がせることができません。すなわち上皇として権力を握るのが難しくなってしまいます。この状況に不満を抱いたのが、亀山の流れを汲む大覚寺統の天皇、後醍醐でした。後醍醐が建武の新政に失敗すると、南北朝時代が始まりますが、このときの南朝は大覚寺統であり、北朝は持明院統であったことを考えると、天皇家の対立は南北朝時代に突入する前から始まっていたということになります。

日本史 10

公家と武家の文化が融合した

平安時代が「貴族・公家の時代」、鎌倉時代が「武士・武家の時代」だったとすると、それに続く「室町時代」は、公家と武家が溶け合っていった時代だと見ることができます。

「公家と武家の融合」、これが室町時代のキーワードです。

京都の金閣や銀閣を思い浮かべてみましょう。

平安時代を代表する大貴族、藤原道長の屋敷を連想させる広大な庭の中に、鎌倉時代に武士たちの間に広がっていった禅宗の影響を受けた建物がある。金閣や銀閣は、まさに公家と武家が溶け合っていった室町時代を象徴する建物です。

では、この室町時代を、2人の将軍、「3代義満」と「8代義政」に注目して見ていきましょう。

室町幕府初代将軍、足利尊氏。彼が終わらせることができなかった「天皇2人状態」**いわゆる「南北朝時代」を終わらせたのが、室町幕府3代将軍、足利義満です。**

室町幕府の全盛期の将軍ともいえる彼に関わるキーワードは、「金閣」や「能」に代表される「北山文化」や「日明貿易」など、挙げればきりがありません。

彼が京都の「室町」と呼ばれる場所に築いた大邸宅は、各地の守護大名から献上された美しい花や木で飾られていたため「花の御所」と呼ばれ、彼はそこに帝や公家を迎えて、歌を詠んだり蹴鞠《けまり》を楽しんだりしたともいわれています。

足利義満
（1358－1408年）
室町幕府第3代将軍。南北朝の合一を果たし、大内義弘ら有力守護大名の勢力を抑え、明との勘合貿易を果たして幕府権力を確立させた。出家後は京都北山に鹿苑寺（金閣）を建立し、北山文化を開花させた。

北山文化
室町時代初期の文化。3代将軍足利義満の北山山荘（鹿苑寺を含む）にちなみ、8代将軍義政の東山文化に対して使われる言葉。禅宗を背景とした武家文化と伝統的公家文化との融合が特徴。水墨画や五山文学の発達、観阿弥、世阿弥による能楽の大成があった。

►建武の新政～南北朝時代の対立関係

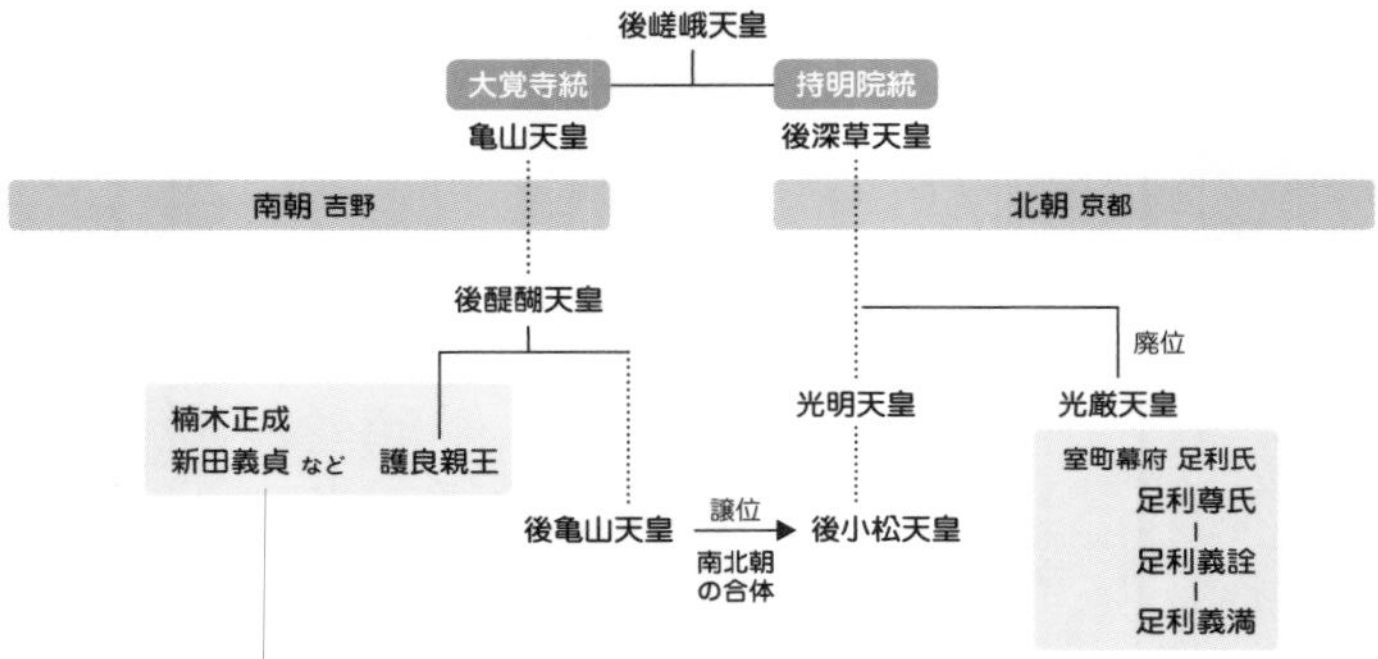

異常な天皇２人状態は、室町幕府３代将軍義満によって解消された。

武家でありながら公家としての栄華も同時に極める、まさしく、室町時代という時代を体現したのが、3代将軍、足利義満でした。

とはいえ、そんな足利将軍家の栄華も長くは続きません。

1467年、室町幕府は大きな転機を迎えます。

「応仁の乱」です。

8代将軍、足利義政の跡継ぎ争いに、室町幕府のナンバー2である管領《かんれい》家の勢力争いが絡み11年にわたる戦乱に発展します。

応仁の乱
室町時代に京都を中心として約11年間にわたって争われた大乱。管領家の畠山、斯波氏の家督争いから、細川勝元と山名宗全の勢力争いに発展し、8代将軍義政の継嗣争いも加わって、全国に争いが拡大した。京都は戦乱のため荒れ果て、幕府の権威は失墜した。

「汝《なれ》や知る都は野辺の夕ひばりあがるをみても 落つる涙は」という歌があります。

焼け野原になってしまった都の空を飛んでいくひばりを見ながら、涙が止まらないこの気持ちを、誰がわかってくれるだろうかと詠《うた》った歌です。

この「応仁の乱」によって、室町幕府の支配力は縮小します。

室町幕府が滅びるのはもう少し後、1573年のことですが、時代はここから「戦国の世」を迎えます。

日本史 こぼれ話

「相続争い」は室町時代から本格化した

鎌倉時代初期、土地の相続は、子弟たちにそれぞれ継がせる「分割相続」が一般的でした。ただ、この「分割相続」を続けると、あっという間に一家の土地は小さくなってしまいます。そのため、室町時代になると、一家の長男がまとめて家督を継ぐ「単独相続」が定着し、そこかしこで家督争いが激化していきます。また、鎌倉時代には絶対的な力を持っていたはずの父親の権威が、室町時代になって少し変容してきたのも、家督争いが激化した一因のようです。山川出版社の『詳説日本史研究』には、「家督相続者は国や所領、そして家臣たちを治めるだけの『器用』(能力)を備えていなければならず、それをはかるものは結局のところ、それぞれの家臣の支持以外にはあり得ないという論理が、この時代に定着してきた」と述べられており、早くも「下剋上の世」の到来を予感させます。

かの「応仁の乱」も、そのような時代背景のなかで起きました。足利将軍家で、8代将軍義政が弟の義視《よしみ》を後継者に定めた直後、妻であった日野富子に義尚《よしひさ》が誕生したことから家督争いが発生します。その義視と義尚を、当時、室町幕府の実権を握ろうとして争っていた細川勝元と山名宗全がそれぞれ支援したことから、争いが始まったのです。この「応仁の乱」によって京都にいる有力な守護大名が幕府を支える体制は崩壊し、山城の国一揆や加賀の一向一揆といった幕府の支配に逆らう大きな一揆も発生します。その一方で、応仁の乱は、戦乱を避けて都から地方に下った公家や僧などによって都の文化が地方に広がっていくきっかけともなったようです。

1467年頃〜1603年頃

日本史 11

「下剋上」の時代がやってきた

さあ、「戦国時代」です。

ひとことで言うと、**「下剋上《げこくじょう》」の時代です。**

「身分が下のものが、上のものを実力で倒す下剋上の風潮」。これがこの時代、全国に広まっていったのはなぜか？

これは複数の要因が絡み合う複雑な問題ですが、ここまでの流れの振り返りもかねて、少しだけ考えてみたいと思います。

飛鳥時代以降、律令体制の時代、出雲国や常陸国といった「国」、すなわち地方を支配していたのは、朝廷によって任命された「国司」と呼ばれる貴族たちでした。

鎌倉時代になると、その「国」に「守護」と呼ばれる武士たちが派遣されます。

最初は朝廷、すなわち国司に気を使い、軍事と警察に関わる仕事のみを請け負っていた「守護」でしたが、**武家政権の力が強くなるにつれて、守護の力も強くなっていき、室町時代になると彼らは、地方の政治を一手に担う「守護大名」と呼ばれる存在にまで成長します。**

しかし、室町時代後期になると、この守護大名の多くが、領地を離れ、都で生活するようになるんですね。

公家と武家の融合という室町時代の特徴がこんなところにも顔を出すわけですが、この過程で、守護大名が領地を離れているスキに地元に残った実力で優れた者が主君を倒して実権を握る、いわゆる下剋上の風潮が広がっていったものと考えられています。

武田信玄や上杉謙信、毛利元就など、この時代に活躍した戦国大名たちのエピソードは星の数ほどあります。

しかしここではやはり、この群雄割拠《ぐんゆうかっきょ》の時代を終わらせ、**再び全国を統一する事業に本腰を入れて取り組んだ織田信長に焦点を当ててみたいと思います。**

尾張の国の戦国大名、織田信秀の嫡男《ちゃくなん》として生まれた信長が、歴史の表舞台に登場するのは、1560年の桶狭間《おけはざま》の戦いです。

駿河から三河のあたりまで進出してきた、2万を超える今川義元軍を、わずか2千の軍で撃破。

今川家から独立した松平元康、後の徳川家康と同盟を結び、自ら

戦国大名
戦国時代、中央権力と一線を画して各地に割拠して領国を形成した大名。応仁の乱以降、室町幕府の権威が失墜。守護大名の領国支配が崩壊、これに取って代わる、いわゆる下剋上の結果、成立した大名を言う。

は京都を目指します。

1571年には対立する比叡山延暦寺を落とし、1573年には、自らを排除しようとした室町幕府15代将軍、**足利義昭**を京都から追放。**200年以上続いた室町幕府が滅びます。**

1575年には、三河に侵攻してきた甲斐の武田勝頼軍と長篠で衝突。堺や国友といった鉄砲の生産地を押さえ、大量生産した火縄銃で、武田の騎馬隊を吹き飛ばします。

このときの「三段撃ち」はフィクションであったという説は割と有名になってきましたが、ちなみに、桶狭間、あれも奇襲ではなかったのではないか、という説が有力になってきていますので、興味のある方は調べてみてください。

真偽はともかく、織田信長という人物が、それだけいろいろなエ

足利義昭
（1537－1597年）
室町幕府第15代（最後）の将軍。兄の13代将軍義輝が三好三人衆に殺害されると、織田信長と結んで幕府を再興。その後信長と反目、武田信玄・朝倉義景らと挙兵したが敗れ、室町幕府は滅亡した。

郵 便 は が き

切手を
お貼りください

105-0003

（受取人）
東京都港区西新橋2-23-1
3東洋海事ビル
（株）アスコム

カリスマ先生が教える
おもしろくてとんでもなくわかりやすい
日本史

読者 係

本書をお買いあげ頂き、誠にありがとうございました。お手数ですが、今後の出版の参考のため各項目にご記入のうえ、弊社までご返送ください。

お名前	男・女	才
ご住所 〒		
Tel	E-mail	
この本の満足度は何％ですか？		％
今後、著者や新刊に関する情報、新企画へのアンケート、セミナーのご案内などを郵送またはE-mailにて送付させていただいてもよろしいでしょうか？ □はい □いいえ		

返送いただいた方の中から**抽選で5名**の方に
図書カード5000円分をプレゼントさせていただきます。

当選の発表はプレゼント商品の発送をもって代えさせていただきます。
※ご記入いただいた個人情報はプレゼントの発送以外に利用することはありません。
※本書へのご意見・ご感想およびその要旨に関しては、本書の広告などに文面を掲載させていただく場合がございます。

●本書へのご意見・ご感想をお聞かせください。

ご協力ありがとうございました。

ピソードに事欠かない、記憶に残る人物だったんだろうということがうかがえます。

鉄砲隊の運用や関所の廃止、楽市・楽座といった画期的な政策によって、天下統一まであと一歩と迫った信長は、しかし、1582年、京都の本能寺にて、部下の明智光秀に殺されることになります。

信長死亡の知らせを聞くや否や、主君の敵《かたき》を討つべく全力で動いたのが豊臣秀吉です。

本能寺の変の時点で備中高松城を攻めていた秀吉は、即時、講和を成立させ、軍を率いて京都を目指します。

記録によると、わずか1週間足らずで200kmを移動したことになります。甲冑《かっちゅう》を着込んだ状態で、連日30km以上移動している、ちょっとおかしいレベルの行軍なのですが、これを「中国大返し」と呼んでいます。

楽市・楽座
安土桃山時代に、戦国大名や信長・秀吉によって推進された商業政策。城下町の繁栄を図って、従来の特権的な座や独占販売を禁止し、課税を免除するなどした。

そうして明智光秀を討つことに成功した豊臣秀吉は、その同じ1582年のうちに、検地を始めます。

「太閤検地」です。全国の土地を、米の取れ高に応じた「石高《こくだか》」という単位ではかり、そこから年貢の量を定めていきます。

また、この検地の過程で、秀吉は全国でバラバラであった重さや長さなどの単位を統一しており、後の世への影響という意味では、そちらも決して無視できない仕事でした。

1588年には「刀狩令」を出し、武士と農民といった「職業」を、子に受け継がれていく「身分」として固定していきます。

1590年、小田原城を落とした秀吉はついに全国統一を実現。

天下人として栄華を極めることになりますが、その後、明の征服、そのための朝鮮出兵を決断します。

文禄・慶長の役の敗戦の報告を聞きながら、1598年、「つゆと落ち つゆと消へにし 我が身かな 浪速のことも 夢のまた夢」と詠んで、秀吉はその一生を終えました。

「織田がつき、羽柴（秀吉）がこねし天下餅、座りしままに食うは徳川」とうたわれる通り、秀吉の死後、実権を握った徳川家康は、現在の愛知県東部、三河国の戦国大名、松平家に生まれました。

少年時代を、尾張の織田家や駿河の今川家で人質として過ごした彼は、今川義元を倒した信長と同盟を組みながら三河国を統一。

本能寺の変で信長が亡くなると、いったんは秀吉と対立しますが、後に講和。秀吉によって根拠地を江戸に移されるも、その江戸を発

文禄・慶長の役
豊臣秀吉が明の征服を目的に、2度にわたって企てた朝鮮に対する侵略戦争。1592年、約16万の軍を上陸させ明の国境まで進出したが、明の援軍、朝鮮水軍の攻撃によって劣勢となり停戦。後に明使の表文をめぐり再び朝鮮に出兵。秀吉の死後に撤兵した。

展させながら、時が来るのをじっと待ちました。

朝鮮出兵にも参加せず、軍事力を温存した家康は、秀吉の死後、ついに覇権をとるために動き始めます。

1600年、家康は、天下分け目の関ケ原で敵対する石田三成軍を破ります。**1603年には征夷大将軍に任じられ、江戸に幕府を開いた家康は、「天下人」としての地位を確固たるものとしました。**

ここにおいて、約100年続いた戦国の世が終わりを告げるのです。

日本史　こぼれ話

ヨーロッパの宣教師が見た戦国時代の日本

16世紀、世界中に宣教師を派遣したのが、ヨーロッパの修道会「イエズス会」でした。その設立時のメンバーでもあったフランシスコ・ザビエルは1549年、ついに極東の日本にたどり着きます。彼を代表とする何人かのイエズス会の宣教師たちは、当時の日本について様々な記録を残してくれています。

たとえば、ザビエルは、その宣教の過程で、「結果として悪魔や地獄のようなものまで創造した神は、果たして善だと言えるのか」「神の教えを知らず亡くなった我らの両親や子どもたちは、地獄で永遠に苦しんでいるというのか」といった問いを日本人から突き付けられたことを記録に残しています。

また、ガスパル・ヴィレラという宣教師は、当時の自治都市、堺について「堺の町は甚だ広大にして大なる商人多数あり。この町はベニス市の如く執政官に依りて治めらる」と記録しています。

とはいえ、当時の日本についてもっとも多くの記録を残した宣教師は、信長や秀吉との交流もあったルイス・フロイスかもしれません。「われわれは死者を埋葬する。日本人は大抵これを焼く」「われわれの手紙はたくさん記載しなければ意見を交わすことはできない。日本の手紙はきわめて短く、すこぶる要を得ている」「われわれの間では誰も自分の欲する以上に酒を飲まず、人からしつこくすすめられることもない。日本では非常にしつこくすすめあうので、あるものは嘔吐し、また他のものは酔っ払う」といった具合に、「よく見てるな！」と言いたくなるような記録を大量に残しています。

日本史 12

町人が時代の主役になった

江戸時代、です。

この時代は、いったい誰の時代なのか、というところから始めましょう。

政治の担い手は武士です。そう考えると武士の時代なのですが、**ただ、文化の担い手のかなりの部分を町人が占めるようになります。これが江戸時代の大きな特徴のひとつです。**

文化というのは、基本的に生活に余裕がある層でないとその担い手にはなれません。

したがって、平安時代の貴族や鎌倉時代の武士のように、支配者層がそのまま文化の担い手になることが多いのですが、江戸時代は、その間に若干のズレが生じている。

そのズレはなぜ生じたのか、そのあたりに注目してみると、江戸時代という時代がどういう時代であったのか、つかみやすいのではないかと思います。

が、そこはいったん伏せたまま、まずは江戸時代の具体的な流れを追っていきたいと思います。

約260年にわたる江戸時代は、旧石器・縄文・弥生を除けば、平安時代の次に長い時代ですので、こちらも大きく3つにわけて捉えることにしてみましょう。

ひとつめが、初代将軍徳川家康から3代将軍徳川家光にかけての、幕藩体制の確立の時代。

▶江戸幕府の体制

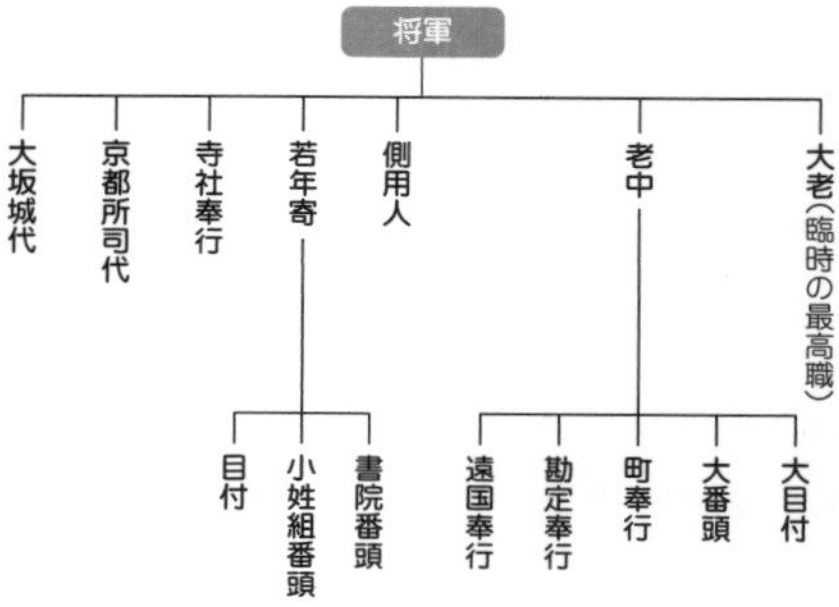

1603年、征夷大将軍に任じられ、江戸に幕府を開いた徳川家康は、わずか２年後、征夷大将軍の位を息子の秀忠に譲って体制を盤石のものにした。

２つめが5代将軍綱吉から、8代将軍吉宗、そして老中、田沼意次《おきつぐ》・松平定信・水野忠邦《ただくに》と続く、財政難と三大改革の時代。最後が、1853年のペリー来航から本格的に始まる「幕末」です。

ひとつめの「幕藩体制の確立」から見ていきましょう。

1603年、征夷大将軍に任じられ、江戸に幕府を開いた徳川家康はそのわずか2年後、征夷大将軍の位を息子の秀忠に譲ります。将軍の座は徳川家が世襲することを天下に知らしめたうえで、自らは大御所として政治の実権を握り続けました。

1615年には、大坂夏の陣で豊臣氏を滅ぼします。平安時代後期、源義朝を倒しながら、その息子、頼朝・義経を生かしておいたがために滅んだあの平家の二の舞いにならないように、という思いがあったのかもしれません。

このようにして、100年以上続いた戦国時代を終わらせ、260年に及ぶ天下泰平の世の基礎を築いた家康は、その翌年、1616年に、75年にわたる生涯を終えます。

この家康が築いた幕藩体制をさらに整えていったのが3代将軍、徳川家光です。

一説に「余は生まれながらの将軍である」と言い放ったとされる家光は、1635年、**すでに徳川家に忠誠を誓う大名たちの間で習慣化されていた「参勤交代」を制度化します。**

徳川家光
(1604－1651年)
江戸幕府第3代将軍。家康・秀忠の遺志を継ぎ、武家諸法度・参勤交代の制など諸制度を整備し、幕藩体制を完成させた。また、島原の乱を平定し、キリシタンを取り締まり、鎖国体制を強化した。

参勤交代とは、各藩の大名たちに、妻や子どもを人質として江戸に住まわせたうえで、1年ごとに領地と江戸を行き来させる制度です。主な目的は大名たちの反乱を防ぐことだったのかもしれません。

ただ、参勤交代は、「世界有数の大都市としての江戸の発展」や、「街道や宿場町の整備」、「江戸の文化の地方への伝播」など、様々な副産物をもたらしたようです。

また、1639年にポルトガル船の来航を禁止し、「鎖国」を完成させたのも家光です。

とはいえ、その後も中国やオランダ、アイヌ、朝鮮、琉球といった諸外国との関わりは継続していました。

いずれにせよ、この家光の頃までに、江戸幕府が全国の石高の4分の1を占める土地を支配し、それ以外の土地を、大名たちが藩主として治める「幕藩体制」が確立していきました。

さて、江戸幕府誕生から約100年、5代将軍綱吉の頃から、時代の雰囲気が徐々に変わっていきます。戦国の世の雰囲気を残し、「武断政治」と呼ばれる厳しい政治を進めた家光に対し、**儒学を重視した綱吉は、より泰平の世にふさわしい「文治政治」を進め、**学問に通じた人間が評価される、穏やかな世の中を作り上げようとします。

彼について有名なのは、やはり「生類憐《しょうるいあわれ》みの令《れい》」でしょう。

この法令には、確かに行き過ぎた動物愛護令としての側面もあったようですが、この法令が守ろうとしたのは、決して犬に代表される動物たちだけではありませんでした。

当時、江戸の町では捨て子が多く、捨て子を見つけたら大切に育てるよう命じる項目などもあり、全体的に周囲に優しく、穏やかに接することを人々に求める法律だったのではないかとも言われています。

徳川綱吉
(1646-1709年)
江戸幕府第5代将軍。家光の四男。初期は堀田正俊を大老として文治政治に努めたが、後に柳沢吉保を重用し、生類憐みの令を発して犬公方と呼ばれた。また、質の悪い貨幣の流通により経済の混乱を招いた。

しかし、いずれにせよ、**この頃から江戸幕府は慢性的な財政難に苦しむことになります。**その理由としては、将軍家による贅沢や、相次ぐ飢饉や火事への対応などが挙げられることが多いですが、他にも大きな理由があるように思えます。

少し話は変わりますが、江戸時代の文化というと皆さん、真っ先に何を思い浮かべられるでしょうか?

井原西鶴の浮世草子、近松門左衛門が脚本を書いた歌舞伎や人形浄瑠璃《じょうるり》、葛飾北斎の「富嶽三十六景」や、歌川広重の「東海道五十三次」に代表される「浮世絵」など、江戸時代は豊かな文化が花開いた時代でした。

江戸の文化は大きく分けて2つ、5代将軍綱吉の時代に、上方、すなわち京都や大坂を中心に栄えた「元禄文化」と、11代将軍家斉《いえなり》の頃、江戸を中心に栄えた「化政文化」に分けられます。

この2つの文化に共通する大きな特徴のひとつが、その文化の担い手のかなりの部分が「町人」だということでした。

この章の冒頭部で申し上げたように、文化の担い手というのは、ある程度生活に余裕がある層、すなわちその時代の支配者層と一致することが多いものです。しかし、江戸時代の支配者層は武士であるにもかかわらず、主な文化の担い手は町人になります。

なぜそうなったのか、**その謎を解くカギのひとつが「貨幣経済」というキーワードです。**

平安時代、平清盛が行った日宋貿易や、室町時代、足利義満が行った日明貿易などを通じて、日本に大量の貨幣が入ってきます。そして江戸時代になると、この「貨幣経済」がいよいよ社会の末端にまでいきわたります。

人口の8割を占める百姓たちでさえ、貨幣が欲しいということで、年貢として納める米だけではなく、売って金に換えるための商品作物の栽培に積極的に取り組むようになります。

とはいえ、当時、いちばん金を持っていたのはやはり商人たち、つまり町人でした。

支配者層である武士が、すなわち幕府がこの貨幣経済の世を治めるには、主な税を米から現金に切り替える必要があったのかもしれませんが、それは江戸時代のうちにはかないませんでした。

日本で現金主体の税制度が確立したのは、明治6年の「地租改正」において、すなわち江戸幕府が滅んだ後のことです。

生活に余裕が出てきた町人たちが新しい文化の担い手になっていくなか、武士たちのなかには、「武士は食わねど高楊枝」ということわざが生まれるほど、質素な生活を送るものも増えていきます。

そんな構造的な要因も大きい幕府の財政難に、それでもなんとか立ち向かおうとしたのが、三大改革と、その間に挟まる田沼の政治でした。

日本史
13

幕府の「改革」が繰り返された

三大改革のひとつめは、8代将軍徳川吉宗による「享保《きょうほう》の改革」です。

「米将軍」と呼ばれた吉宗は、まずは幕府に入ってくる米の量を増やそうとします。

そのために彼は新田開発を進め、田んぼ自体を増やし、さらに年貢率も上げました。また、各藩の大名に対して、参勤交代の負担を減らす代わりに幕府に米を差し出すことを求める「上米《あげまい》の制」まで実施しています。

徳川吉宗
（1684–1751年）
徳川幕府8代将軍。紀州藩主から将軍となり、享保の改革（倹約の実行、実学の奨励、新田の開発、目安箱の設置など）を行い、幕府財政の改革と幕政の強化に努めた。米価対策に力をそそぎ米将軍とも呼ばれた。

他にも「目安箱」の設置やキリスト教に関係のない洋書の輸入など、様々な政策を実施し、改革は一定の成果を上げたとされています。

しかし、幕府の主な収入が米であることは変わりませんから、その米を増やそうとする限り、米の価格は必然的に下がっていきます。そうすると幕府が米を売ることで手に入れる現金収入は減ります。もう、この部分はどうしようもない。

結局、江戸幕府はこのジレンマから最後まで抜け出すことができませんでした。

吉宗に続いて政治を行った田沼意次《おきつぐ》は、このジレンマから抜け出すために、商業重視の政治を行います。

大商人たちを優遇することで、彼らから税を取り、幕府の現金収入そのものを増やそうとします。

目安箱
徳川吉宗が評定所前に設置した、訴状（目安）を入れる箱。一般庶民の民心を把握する目的で設置され、小石川養生所の建設や、江戸市中の防火制度の整備などにつながったとされる。

田沼意次
（1719－1788年）
江戸幕府老中。遠江相良藩の初代藩主。第10代将軍徳川家治の信任を得て、側用人から老中となり、幕政の実権を握った。問屋・株仲間の育成など積極的な経済政策を進めたが賄賂政治で不評を買い、家治の死を契機に失脚した。

彼は「株仲間」を積極的に認めました。株仲間とは同業者組合、すなわち同じ仕事をしている人々の集まりのことです。

ある仕事を新しく始めたいと思った人は、まずその株仲間に入れてもらわなければ、その仕事を始めることができません。つまり、新しく仕事を始めようとしている人にとっては不利な制度です。反対に、既存の商人たちにとっては、ライバルの増加を抑えることができるありがたい制度だということになります。

田沼はこの株仲間を積極的に認めることで、既存の商人たちを味方につけ、彼らから税を徴収しようとしました。

また、幕府の現金収入を増やすために、長崎貿易にも力を入れています。フカヒレや干《ほ》しアワビといった、干した海産物を俵《たわら》に詰めた「俵物」と呼ばれる商品を開発し、これが中国人によく売れたようです。中華料理で使われる高級食材ですね。

とはいえ、田沼の商業重視の政策は、商人たちとの癒着を生み、「わいろ」が横行する政治は、多くの人々の批判を浴びます。
どことなく「金」を汚いものとみなす武士たちからの冷ややかな視線も強かったかもしれません。

ちょうど、江戸時代、もっとも多くの死者を出した飢饉、天明の大飢饉が発生し、さらにその2年目、1783年、飢饉に苦しむ関東の人々にとどめを刺すかのように浅間山が噴火。
田沼はその責任を取らされる形で失脚することとなりました。

田沼と交代する形で「寛政の改革」を始めたのが、老中、松平定信です。

白河藩主であった定信は、吉宗の孫にあたります。
だからかどうかはわかりませんが、偉大なる祖父のあとを継ぎ、米を重視した政策を進めようとします。

天明の大飢饉
1782年から88年にかけて全国的に発生した大飢饉。冷害や浅間山の噴火などで大凶作となり、疫病の流行も重なって、全国で90万人を超える餓死者・病死者を出した。各地で一揆・打ちこわしが発生し、老中・田沼意次失脚の一因となった。

松平定信
（1758－1829年）
陸奥白河藩藩主として崩壊に瀕した藩財政を立てなおし名君と称された。老中首座となり、田沼政治を刷新するため寛政の改革を断行。緊縮財政、風紀取り締まりによる幕府財政の安定化を目指したが機能しなかった。

飢饉に備えて米を蓄えさせる「囲《かこ》い米の制」や、幕府の学問所で朱子学以外の学問を禁じる「寛政異学の禁」など、質素倹約・風紀の締め付けを目的とする政策が増えます。「白河の清きに魚も棲みかねて、元の濁りの田沼恋しき」と詠まれるようになったというのは有名な話です。

相次ぐ飢饉や物価の高騰、あるいはこの頃から日本近海に見え隠れするようになった欧米諸国への対応など、山積する課題に、対応できていないように見える幕府への不満は、年々増していきます。

天保の大飢饉の際には一揆や打ちこわしの件数も飛躍的に増加し、その4年目、1837年には、天下の台所・大坂で、元幕府の役人であった**大塩平八郎**が、大規模な打ちこわしを起こすまでになりました。

大塩平八郎
（1793–1837年）
大坂町奉行所与力を辞職し、私塾洗心洞を開き陽明学を教授した。天保の飢饉に際し民衆救済を幕府に請うが容れられず、蔵書を売って窮民を救った。翌年幕政を批判して大坂で挙兵したが、敗れて自刃した。

その数年後、老中水野忠邦が立ち上がり「天保の改革」を始めます。

しかし、年貢による収入を増やすために都市部に流入した人口を農村に戻そうとする「人返しの法」や、物価高騰の責任を株仲間に負わせ株仲間を解散させようという政策は、ことごとく時代の流れに逆行していたのでしょう。大きな反発を浴びます。

江戸・大坂周辺の土地を幕府に差し出させようとした「上知令《あげちれい》」は、大名や旗本から大きな反対を受け、水野忠邦は失脚、天保の改革はわずか数年で失敗に終わります。

水野忠邦が失脚したのが１８４３年、この10年後にはもうペリーが来てしまうわけです。

そもそも「改革」が連続している時点で「改革」できていない。米重視の年貢システムを維持するなか、貨幣経済の広まりに対応しきれなかった江戸幕府は、ついに「幕末」を迎えます。

水野忠邦
（1794―1851年）
江戸幕府の老中。唐津・浜松藩主。幕閣への出世を求め、唐津藩主から浜松藩主に転じるなどし、幕府の老中首座に上り詰めた。天保の改革を断行するが、厳しい奢侈取り締まりや年貢増への反発にあって失敗。老中職を罷免された。

ちなみに、この構造的な財政難に苦しめられているのは、幕府だけではありません。各藩も同様な財政難に苦しんでいました。

その中で、優秀な武士を登用し、あるいは藩主自らリーダーシップをとり、財政改革に成功した薩摩・長州といった藩は、その財力を軍事力の強化にあてながら、幕府に牙をむくそのときをひそかに待つことになります。

さて、そんな中、1792年、ロシア人ラクスマンの根室来航を皮切りに、日本近海に欧米の船が見え隠れするようになります。

度重なる外圧を、鎖国を盾にのらりくらりとかわそうとしてきた幕府でしたが、ついにかわしきれなくなったのが1853年だった、といえるでしょう。

日米和親条約
1854年に江戸幕府とアメリカ合衆国が締結した条約。この条約によって日本は下田・箱館（函館）両港へのアメリカ船の寄港、薪水・食料などの補給、下田に領事を置くことなどを認めた。

アメリカでは「蒸気船海軍の父」と讃《たた》えられる**東インド艦隊司令長官マシュー・ペリーが、4隻の黒船を率いて浦賀に来航。**翌年、幕府との間に「日米和親条約」を結び、幕府は下田と箱館の2港を開港。鎖国が終わりを告げます。

その4年後、大老井《い》伊《い》直弼《なおすけ》はアメリカ総領事ハリスとの間に「日米修好通商条約」を締結、似たような条約を、オランダ、イギリス、フランス、ロシアとも結び、本格的な貿易が始まります。

この条約の中に「相手国の領事裁判権を認める」、そして「日本に関税自主権がない」という2つの不平等条項がありました。

そのため、長州、萩の吉《よし》田《だ》松陰《しょういん》を代表とする多くの人々が、この井伊直弼の判断を批判します。

日米修好通商条約
1858年に日本とアメリカ合衆国の間で結ばれた通商条約。箱館の他、神奈川・長崎・新潟・兵庫の開港、居留地を設けることを定めたが、領事裁判権を規定し、関税自主権を否定する、日本側に不利な不平等条約であった。

吉田松陰
（1830－1859年）
幕末の勤王家・思想家・教育者。佐久間象山に師事。私塾「松下村塾」では、後の明治維新で重要な働きをした多くの若者に思想的影響を与えた。日米修好通商条約で幕府を批判して囚われ、安政の大獄により獄中で刑死した。

井伊直弼はその批判を力で抑え込もうとし「安政の大獄《たいごく》」を実施、吉田松陰も殺されますが、1860年、その井伊直弼も桜田門外で水戸藩の浪士たちの手にかかってその生涯を終えました。

「尊王攘夷《そんのうじょうい》」という言葉があります。

先ほども少しお話ししましたが、約260年前、天下分け目の関ヶ原で敗れて以来、参勤交代に代表されるいやがらせのような大名統制策にじっと耐えてきた薩摩・長州が、いよいよ倒幕に向けて本格的に動き出します。

彼らが唱えたスローガンが「尊王攘夷」でした。

「尊王」とは天皇を尊ぶ、すなわち天皇から政治の実権を奪っている幕府を倒せというメッセージです。

そして「攘夷」とは、夷狄《いてき》、すなわち外国人を打ち払え、開国反対というメッセージでした。

安政の大獄
1858年から59年にかけて、江戸幕府が尊王攘夷派に行った弾圧。大老井伊直弼は、日米修好通商条約に代表される安政の五カ国条約の調印および将軍継嗣問題に反対する公卿・大名・志士ら百余名を処罰し、吉田松陰・橋本左内らを死刑に処した。

ちなみに、日米修好通商条約が締結された1858年は、日本においてコレラが猛威をふるった年でもあります。コレラが外国からもたらされた感染症であったことも、攘夷思想の広まりに拍車をかけたようです。

この尊王攘夷というスローガンがひとつの形になったのが、1862年に起きた「生麦事件」でした。

参勤交代で江戸から帰る途中の薩摩藩の大名行列の前を横切ったイギリス人を、薩摩藩士が斬り捨てます。これに対し、イギリスは鹿児島湾に数隻の軍艦を送り込み、薩英戦争と呼ばれる衝突が起こります。

結果として、薩摩藩は欧米諸国との戦力の差、すなわち工業力の差を痛感し、まずは欧米諸国から学ばねばならぬ、ケンカをするとしてもその後だと攘夷の方は取り下げ、開国論に傾いていきます。

同じ頃、長州藩でも、フランスなどの国と戦火を交えた結果、薩摩藩と同じように、攘夷論が下火になっているのも面白いところです。

ちなみに、一部に熱烈なファンが多い、あの**「新選組」**が、幕府側の警察組織として、京都で維新志士たちと戦ったのもちょうどこの頃の話です。

いずれにせよ、開国そして倒幕の方向で意見の一致を見た薩摩と長州藩は、1866年、**坂本龍馬**の仲立ちにより同盟を結ぶに至ります。薩摩藩と長州藩はもともと非常に仲が悪かったため、この同盟は当時の人々に驚きをもって受け止められたようです。

この同盟を受けて、翌年、**1867年、江戸幕府15代将軍徳川慶喜《よしのぶ》が上洛。京都の二条城にて政権を朝廷に返す「大政奉還」が行われます。**

新選組
幕末、京都守護職である松平容保の下で反幕府勢力を鎮圧する活動に従事した武力組織。近藤勇局長、土方歳三副長が率いて京都市中の尊王派志士を取り締まり、池田屋事件で名を上げた。後に旧幕府軍の一員として戊辰戦争を戦った。

坂本龍馬
(1836–1867年)
幕末の志士、土佐藩郷士。土佐藩を脱藩した後は志士として活動し、貿易商社亀山社中(後の海援隊)を設立。薩長同盟の斡旋、大政奉還の成立に尽力するなど倒幕および明治維新に影響を与えた。近江屋事件で暗殺された。

「大政奉還」は、約260年にわたる江戸時代の幕引きであり、また、源頼朝の時代から約700年近く続いた武士の時代の終わりを告げるものでもありました。

これを受けて薩摩と長州は「王政復古」を宣言。時代はいよいよ近代、明治に移行していきます。

徳川慶喜

（1837−1913年）

江戸幕府第15代将軍。水戸徳川家に生まれたが一橋家を相続。将軍継嗣で家茂に敗れ、家茂の後見職を務めたが、その死後、江戸幕府最後の将軍となった。1867年、大政奉還し、翌年江戸城を明け渡した。明治維新後に公爵に叙せられ、貴族院議員を務めた。

日本史　こぼれ話

また教科書が変わる？「鎖国はなかった」説の真実

「聖徳太子がいたのか、いなかったのか」という問いと同じくらいインパクトがあるのが、「鎖国はあったのか、なかったのか」という問いです。これも「鎖国」という言葉の定義によって答えが変わってくるので、問いの立て方自体に問題があると思われます。

３代将軍徳川家光が1639年にポルトガル船の来航を禁止した後も、長崎ではオランダ、中国との貿易は続けられていましたし、対馬藩には朝鮮との貿易が許されていました。薩摩藩に半ば支配されていた琉球も、中国への朝貢は続けていたので異国といえば異国でしたし、松前藩は蝦夷地のアイヌと独占的に交易をしていました。したがって、「鎖国」を、外国との付き合いをなくすこと、という意味で捉えると、「鎖国はなかった」ということになってしまいます。

ただ、「鎖国」という言葉の意味について考える際に押さえておきたいポイントは、この言葉が後世の歴史家によって作られた言葉ではないというところです。「鎖国」という言葉は、来日していたドイツ人医師が、日本が長崎を通してオランダとのみ交渉を持つ状態であることを表現して使った言葉を、幕府公認の通訳が翻訳したものだといわれています。そうすると、あくまで「鎖国」というのは、すでに当時の人々によって、幕府によって交易が認められていた上記以外の国々との交流を禁じるという意味で使われていた言葉であり、そう考えると「鎖国はなかった」という表現は間違いだということになります。

明治時代（前半）

1868年〜1890年代

日本史 14

すさまじい勢いで近代化が進んだ

さて、いよいよ近代です。明治時代に入ります。

私の中では、江戸時代の日本には、どことなく「引きこもり」のイメージがあります。

鎖国をして、暖かい布団にくるまって、戦乱もなくなり、文化も花開きました。

町人たちだって浮世絵が買えるようになり、旅行に行ける百姓も増えました。まぁ、たまに飢饉が起きて食べるものがなくなってしまうんですが、とはいえ、天下泰平の２６０年だったわけです。

そこに、バーンとドアを突き破って黒船が入ってきて、寒風吹きすさぶ国際情勢の中にズリズリと引き出された日本。

しかしそこは腐っても武士。泣いて終わるわけにはいきません。ぐっと唇かみしめて、今に見てろと、お前らに、**黒船に負けない国になってやるからなと、開きなおってみせたのが明治という時代です。**

1868年から1912年まで、明治時代は約40数年続きます。それまでの時代に比べると短い時代ですが、ちょんまげを結《ゆ》っていた侍が、凄まじい勢いで近代化を成し遂げ、ヨーロッパの強国ロシアと殴り合って、形式的にではありますが勝つところまで行く時代ですから、本当にいろいろなことがあります。

とても忙しい時代ですので、やはり3つに区切って整理すると理解しやすいかと思います。

ひとつめは１８６８年から１８７３年までの、強引ともいえる近代化、中央集権化の時代です。あえてタイトルをつけるのであれば「明治維新」でしょうか。

２つめの時代のタイトルは「自由民権運動」、１８７４年から１８９０年まで、板垣退助が**「民撰《みんせん》議院《ぎいん》設立《せつりつ》建白書《けんぱくしょ》」**を出してから、憲法、そして国会ができるまでの時代です。

最後は「日清・日露と条約改正」、わずか20数年で近代国家の体を整えた日本が、ついに欧米列強との植民地獲得競争に乗り出します。

では、ひとつめの「明治維新」から見ていきましょう。

まずは１８７１年の「廃藩置県」です。

民撰議院設立建白書
１８７４年に発表された、前参議である板垣退助、後藤象二郎、江藤新平、副島種臣らによる、民撰議院の開設を求める建白書。政府に対して最初に国会開設を要望した意見書で、自由民権運動の端緒となった。

幕府が財政難や外国への対応に苦しむなか、あの家康や家光が知恵を絞って作り上げた江戸幕府の中央集権的な性格は、少しずつ弱くなっていきます。

さて、いきなり何をと思われるかもしれませんが、ここで、いったん時代をさかのぼって「飛鳥時代」を思い出してみましょう。

東アジア世界全体を支配する隋や唐といった中華帝国が、律令体制に移行し、中央集権化を進め、軍事力を強化していく。そんな世界で生き延びるために、聖徳太子や中大兄皇子という人々を中心に、必死で中央集権化を進めていった、それが飛鳥という時代でした。

明治時代の日本も似たような状況です。恐れるべき相手が、中国から、黒船、欧米諸国に切り替わっただけです。

この状況で日本が生き延びるためには、やはり、もう一度、中央集権化を成し遂げ、黒船に負けない近代的な軍を作らねばならない。

飛鳥時代、中央集権化を進めるうえでの対抗勢力は各地の豪族たちでした。

同様に中央集権化を進めたい明治政府にとっての対抗勢力となったのは、各藩を支配する大名たちだったでしょう。

戊辰《ぼしん》戦争において、旧幕府軍を力でねじ伏せた明治政府とはいえ、全国の大名、すなわち藩主をいきなりクビにすることはできません。

そこで明治政府は下準備をすることになります。

それが廃藩置県の2年前、**1869年に行われた版籍奉還《はんせきほうかん》です。「版」は土地のこと、「籍」は人のことです。つまり、土地と人の所有権を天皇に返すように迫る政策です。**

どこかで聞き覚えがありませんか?

そう、飛鳥時代の「公地公民」にそっくりです。

▶太政官制（明治憲法制定前の体制）

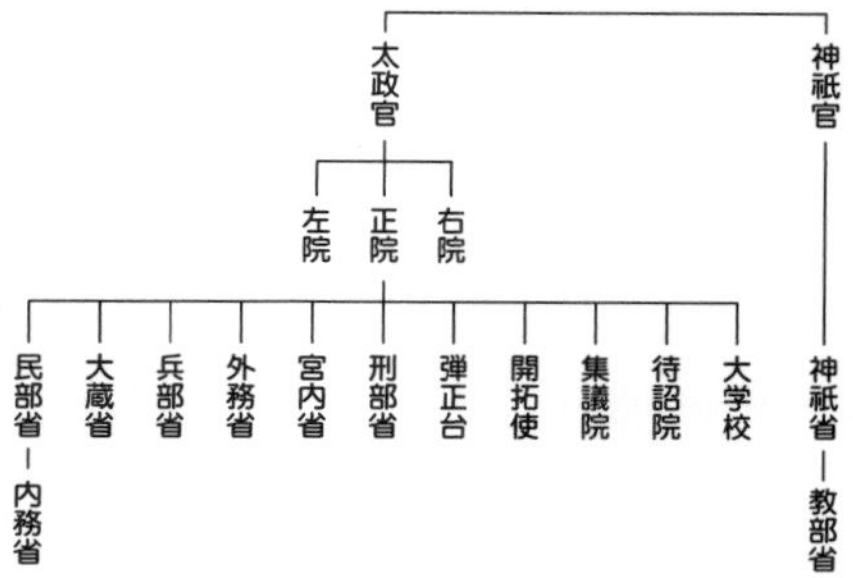

幕藩体制を解体した明治新政権が、全国統治を目指して創出した権力機構が太政官制であった。これにより中央集権化が一気に進んでいった。

飛鳥時代のヤマト政権も、明治政府と同じく、天皇中心の中央集権化を進めていました。目指すところが同じですから、具体的な政策も似通ってくるわけです。

　この命令は非常にいやらしい命令です。逆らえば天皇の敵、すなわち国家の敵ということになりますから、なかなか逆らいにくい。

　この版籍奉還によって、まず、藩主から土地と人々の所有権を奪ったうえで、その2年後、明治政府は藩主たちを一斉にクビにし、藩を廃止。全国を3つの府と302の県に再編します。

　新たな県のトップは県令と呼ばれました。今の都道府県のトップ

学制

日本最初の近代的学校制度を定めた教育法令。1872年に太政官より発布された。全国を学区に分け、それぞれに大学校・中学校・小学校を設置することを計画し、身分・性別を問わず国民皆学を目指した。

は知事で、これは住民が選挙で選びますが、当時の県令は違います。明治政府の役人が直接県令に任命されて県にやってきますので、これにより、中央政府の意図がそのまま地方に反映されるようになり、中央集権化が一気に進みます。

翌年、1872年、明治政府は学制を発布。全国に小学校と中学校を設置し、教育水準の向上を目指します。

この年は新橋駅から横浜駅の間に鉄道が開通した年でもあり、また、群馬県に、初の官営工場、富岡製糸場が建てられた年でもあります。

まさに明治政府のスローガンのひとつ、「殖産興業《しょくさんこうぎょう》」を体現したような1年でした。

そして1873年、この年も非常に重要な年です。それまで以上に大事な変化が2つ続きます。

富岡製糸場
1872年、群馬県富岡に設立された官営器械製糸工場。当時、輸出の主力だった生糸生産を近代化し殖産興業を推進するために、明治政府が設立した。フランスより機械と技術を導入して操業開始。経営主体を変えながら約115年間にわたって続いた。

殖産興業
明治時代初期、政府が近代産業技術を移植して新産業を保護育成しようとした政策。産業機械・技術を導入し、鉄道、鉱山、造船などの官営事業の創設の他、紡績、製糸の模範工場の建設などを中心に行われた。

ひとつめは税制度改革としての「地租《ちそ》改正」です。

明治政府が土地に価格を設定し、その地価の3％を、耕している人ではなく地主が、現金で納めること、としました。

ここにおいて江戸時代の米中心の年貢システムが終わりを告げます。

あの、江戸幕府の三大改革の担当者たちが苦しんだ、米と金の問題がようやくここで解決されたわけです。

これによって明治政府の財政は安定しましたが、税を納める側にとっては、その年の収穫の多い少ないにかかわらず一定額の税金を納める必要があるので、結果として庶民たちの負担はより大きくなったといわれています。

1873年は「徴兵令」が公布された年でもあります。

士族、平民の身分に関わりなく、20歳以上の男性に兵役を課し、近代的な軍の創設を目指します。

国民の間ではどうすれば兵役を逃れられるかが一大関心事となり、「兵役の逃れ方マニュアル」のような冊子が飛ぶように売れたと言われています。

ひとつの例として一家の跡継ぎは徴兵が免除されたため、結果として平民の次男や三男が多く集まり、後の帝国陸軍、帝国海軍の基礎を築いていきました。

これによって、特権や役割を失った武士、士族たちの不満は大きく、その不満は、数年後、西南戦争という形で爆発します。

江戸幕府を倒し、王政復古を宣言し、新たに明治政府を作り上げた薩摩長州を中心とする勢力は、わずか数年の間に、版籍奉還、廃

西南戦争
1877年に西郷隆盛を盟主として起こった士族による大規模な反乱。征韓論に敗れて下野した西郷が設立した私学校生徒らが西郷を擁して挙兵した。政府軍に鎮圧され、西郷は郷里の城山で自刃。不平士族による最後の反乱となった。

藩置県、学制発布、地租改正、そして徴兵令と、国のシステムを大きく変える政策を矢継ぎ早に実現させていきます。

「富国強兵」「殖産興業」の道をがむしゃらに突き進む明治政府の政策の後ろに、どれほどの人の痛みと苦しみがあったのでしょうか。

1877年、薩摩の士族たちが西郷隆盛を旗印に明治政府に対して挙兵します。そして徴兵令で集められた新たな明治政府軍がこれを叩き潰します。

この西南戦争で西郷隆盛は死に、同じ頃、かねてよりの病気が悪化した木戸《きど》孝允《たかよし》も、京都の別邸で大久保《おおくぼ》利通《としみち》にみとられながら息を引き取ります。

死の間際に「西郷もええかげんにせんか」とつぶやいたとかつぶやかなかったとか。

西郷隆盛
(1828-1877年)
薩摩藩士、明治の政治家。討幕の指導者として奔走。薩長同盟を成立させ、戊辰戦争では大総督参謀となり、江戸城を無血開城させた。維新後、参議。征韓論を唱えて政府に容れられず下野。西南戦争を起こし、敗れて城山で戦死した。

木戸孝允
(1833-1877年)
長州藩士、明治の政治家。初め桂小五郎と称した。維新の三傑の1人。吉田松陰に学び、討幕の志士として活躍した。明治維新後、五箇条の御誓文の起草、版籍奉還、廃藩置県を主導した。征韓論・台湾出兵に反対。西南戦争のさなかに病死した。

その大久保利通も翌年、1878年、現在の東京都麹町の紀尾井坂で加賀の士族たちにより暗殺されます。

このタイミングで明治時代第1章を引っ張ってきた維新三傑、西郷、大久保、木戸の3人が歴史の舞台から退場します。

また、この西南戦争をもって、明治政府に対して、武力で物申せる勢力が国内にほぼいなくなりました。

大久保利通（1830－1878年）
薩摩藩士、明治の政治家。維新の三傑の1人。西郷らと倒幕運動を推進した。維新政府の参議となり版籍奉還・廃藩置県を敢行するなど政府で指導的役割を果たした。西郷らの征韓論に反対。不平士族により暗殺された。

武力がダメなら言論です。明治時代第2章、「自由民権運動」の時代を見ていくことにしましょう。

自由民権運動とは、明治時代の人々の、「憲法を作ろう」「国会を作ろう」「地租を軽くしてくれ」「選挙権を拡大しろ」といった、明治政府に対する数々の要求を広く指す言葉です。

具体的にいつから始まった、という年はありません。ただ、この運動は、１８７４年、板垣退助が、民によって選ばれた議院、すなわち国会を作ろうと叫んだところから大きく加速していきます。

中央集権化を進める明治政府にとってはうっとうしい運動ですから、政府も最初は厳しく取り締まろうとしました。

しかし、この運動は大きな時代のうねりとなっていきます。

時代の流れに抵抗しきれなくなった明治政府は、それならばせめて自らが主導する形で、国会と憲法を作ってやろうと方針を転換。

明治政府は１８８１年に国会開設の勅諭《ちょくゆ》を出し、10年準備して国会を作ることを約束します。

この明治第2章の顔となるのは、土佐の板垣退助、肥前の大隈重信《おおくましげのぶ》、そして長州の伊藤博文ということになるでしょうか。

国会開設の勅諭が出されたその年のうちに、板垣退助は自由党を結成、翌年、大隈重信は立憲改進党を結成します。

板垣退助
（１８３７－１９１９年）
明治の政治家。幕末期に討幕派に投じ、明治維新政府の参議となる。民撰議院設立建白書を提出、立志社を起こし、自由民権運動を指導した。１８８１年自由党創設の翌年、遊説の際に刺され、「板垣死すとも自由は死せず」と絶叫したと伝えられる。

大隈重信
（１８３８－１９２２年）
肥前佐賀藩士、明治の政治家。立憲改進党を組織し自由民権運動の一翼を担った。１８９８年、板垣退助とともに憲政党を結成して日本初の政党内閣を組織、大隈が首相兼外相、板垣が内相に就任した。東京専門学校（現、早稲田大学）の創立者。

この頃、伊藤博文はヨーロッパへ視察に出かけています。目的は当時の日本に適した憲法を考えること。

国会と並ぶもうひとつの近代国家の証《あか》しとして、憲法は持っておきたい。しかし、憲法というのはそもそも国家権力を制限するものとして生まれたわけですから、国家権力を強くしようとしている明治政府にとっては、はっきりいって不要なわけです。

そんな悩みを抱えていた伊藤は、ヨーロッパ視察の途中でドイツを訪れることになります。当時のドイツは、プロイセン王国の鉄血宰相《さいしょう》、ビスマルクによる中央集権化政策の下、数多くの反対勢力を制圧しながら統一されたばかりの状態です。

このような事業は中央集権的な政府でないと成し遂げられません。このドイツ、元のプロイセンに、君主の権力を制限するのではなく、君主の権力が強く設定されている憲法があったわけです。

伊藤博文
(1841-1909年)
明治の政治家。松下村塾に学び、倒幕運動に参加。明治憲法立案にあたる。内閣制度を創設し、初代の内閣総理大臣・枢密院議長などを歴任した。日露戦争後、韓国統監となったが、ハルビンで韓国の独立運動家安重根に暗殺された。

同じく中央集権化を進めている明治政府の伊藤博文、このドイツの憲法を見て、即採用を決定。後に大日本帝国憲法として発布されることになる、アジア初の憲法のモデルとしました。

と、伊藤がすべて決めたようにお話ししてしまいましたが、実際は、伊藤がヨーロッパに行く前に、すでに岩倉具視《いわくらともみ》がドイツにならって憲法を作ろうと主張してまして、それが政府の基本方針になっていたことも付け加えておきます。

さて、ドイツの憲法を日本に持って帰ってきた**伊藤博文は、1885年、憲法や国会よりも先に内閣を作り、自ら初代内閣総理大臣に就任します。**

今の日本では、内閣総理大臣は国会議員の中から国会が指名しますので、そもそも国会がなければ内閣は存在しません。しかし、当時の日本にはそんな規定はありませんので、国会より先に内閣が成

岩倉具視
（1825―1883年）
幕末・明治の公卿・政治家。幕末に公武合体を説き、王政復古の実現に参画。維新後、廃藩置県を断行。条約改正交渉と米欧視察のため特命全権大使として巡回。帰国後は征韓派を退け、内治策に努め、明治憲法の制定に尽力した。

立します。

そして1889年2月11日、アジアで初めての憲法、大日本帝国憲法が発布されます。

その翌年、1890年には、第1回衆議院議員総選挙が実施され、第1回帝国議会が開かれました。

第1回衆議院選挙で選挙権を手にしたのは直接国税15円以上を納めた満25歳以上の男子。直接国税15円というのが今のいくらくらいに相当するのか、はっきりしたことはわからないのですが、該当者が人口の1・1%しかいなかったということから、いかに金持ちの金持ちによる金持ちのための選挙だったかがわかります。

しかし国会が開設されたとはいえ、薩摩・長州・土佐・肥前、いわゆる藩閥によって構成される内閣は、国会の議論に影響されることなく政治を進める、いわゆる「超然主義」を取りました。

►大日本帝国憲法と日本国憲法の違い

	大日本帝国憲法	日本国憲法
公　布	1889年2月11日	1946年11月3日
施　行	1890年11月29日	1947年5月3日
制定の契機・背景	近代国家の樹立・自由民権運動の高揚	ポツダム宣言の受諾
形　式	天皇が定める欽定憲法	国民が定める民定憲法
主　権	天皇	国民
天　皇	国の元首、軍隊を指揮する	日本国と、日本国民統合の象徴
戦争と戦力	徴兵制をしき、軍隊を持つ	戦争の放棄、戦力は持たない
基本的人権	法律の範囲内で認められる	公共の福祉に反しない限り認められる

伊藤博文のヨーロッパ視察や岩倉具視の主張によって、1889年2月11日、アジアで初めての憲法、大日本帝国憲法が発布された。

したがって、憲法や国会ができた後も自由民権運動は続き、その流れは大正時代の民主化運動、大正デモクラシーに受け継がれていきます。

とはいえ、歴史の流れをわかりやすく整理するために、自由民権運動の話はここでいったんやめ、明治時代第3章、「日清日露と条約改正」の話に移っていきたいと思います。

日本史　こぼれ話

大日本帝国憲法はヨーロッパの憲法より先進的だった？

「大日本帝国ハ万世一系ノ天皇之ヲ統治ス」で始まる「大日本帝国憲法」には、あまり民主的なイメージがありません。もちろん、今の「日本国憲法」のように、主権が国民にあったわけではありませんし、基本的人権もあくまで法律の範囲内でのみ認められるようなものでした。しかし、伊藤博文を中心とした明治政府の指導者の多くは、帝国憲法を運用するにあたって、立憲主義の精神をかなり重視していたようです。

憲法の草案作りで伊藤がヨーロッパに渡ったときのことについて、山川出版社の『詳説日本史研究』に次のように書かれています。「立憲主義の実現に意気込んでいた伊藤らを困惑させたのは、ヨーロッパ諸国の政治家や学者たちが、明治維新以来の日本政府の改革が急進的過ぎることを懸念して、立憲制採用に否定的な見解を示し、たとえやむなく議会を開いても、軍事権や財政権に議会の介入を認めてはならないとする予想以上に保守的・専制的な考えを説いたことである」。しかし、当時の日本人たちはヨーロッパ人の「懸念」をそのまま受け入れず、帝国議会の議決なくして、政府は新たな予算案の確定や、法律の制定・改廃、増税ができないシステムを構築しました。天皇も、自らの権力を積極的に行使することはなく、国務大臣や帝国議会の助言や同意の下に政治を進めていきました。このように、規定よりも運用によって維持されてきた日本の立憲制でしたが、その後、その運用が徐々に変質していき、軍部などの発言力が増加していくことになります。

日本史15

「植民地」を手に入れようと海外に進出した

まず、条約改正ですが、そもそもこの条約とは、幕末、1858年に江戸幕府が結んだ「日米修好通商条約」のことを指します。アメリカのほかに、オランダ、イギリス、フランス、ロシアとも結びますので、安政の五カ国条約とも呼びます。

このなかに「日本が相手国の領事裁判権を認める」そして「日本に関税自主権がない」という2つの大きな不平等条項が含まれていました。

念のため簡単におさらいしておきますと、まず、「領事裁判権を認めた」というのは、相手国の人間が日本で問題を起こしたときに、日本人の裁判官ではなく、相手国の領事が相手国の法律で裁くことになった、ということです。

もうひとつの「関税自主権がない」というのは、国内の産業を保護するために、輸入品にかける関税、この税率を、日本が自主的に決めることができない、決めるときにはお互いに相談しながら決めなければならない、という取り決めでした。

この2つの不平等条項をひっくり返すのに明治政府は多大なエネルギーを消費します。

1871年には、条約改正の交渉を目的とした岩倉使節団を欧米に派遣しますが、交渉自体に応じてもらえません。1883年には、鹿鳴館という社交場を用意して、西洋人を招くようにもなりますが、マナーなどの至らなさをバカにされることもあったようです。

条約改正を目指して試行錯誤を重ねていた明治政府ですが、あの伊藤博文が初代内閣総理大臣に就任したその翌年、1886年、日本国民の目が、一気にこの不平等条約に向く大きな事件が起こります。ノルマントン号事件です。

現在の和歌山県の近く、紀伊半島沖でイギリス船、ノルマントン号が沈没。

日本人乗客25人が全員死亡します。白人の乗組員は20名近く生き残っていることから、日本人全員死亡という結果はどう考えてもおかしいわけです。

しかし、ここでイギリスの領事裁判権が発動、裁判の結果、イギリス人船長は無罪となります。

ここにおいて、領事裁判権の理不尽さを身に染みて感じた日本人は、領事裁判権の撤廃を強く求めるようになります。

結果として明治政府は、当時カミソリとまで呼ばれた外務大臣、**陸《む》奥《つ》宗《むね》光《みつ》**の外交の下、１８９４年にイギリスの領事裁判権の撤廃に成功し、その後、他の国とも順次、条約改正を進めていきました。

１８９４年、領事裁判権の撤廃に成功した直後、日本は近代化して以降初めて、いよいよ対外戦争に打って出ます。

ターゲットは朝鮮半島、その宗主国であった**清との戦争が始まります。日清戦争です。**

朝鮮半島で大規模な農民反乱が起き、日本は「朝鮮半島にいる日本人を守るため」という口実で出兵します。そして、そのまま清と戦闘状態に入り、約８カ月で勝利。下関条約が結ばれることになります。

陸奥宗光
（1844－1897年）
和歌山藩士、明治の政治家。脱藩して海援隊に加わり尊攘運動に参加。維新後、地租改正事業を立案。第二次伊藤内閣の外相として条約改正や下関条約締結に大きく貢献した。

下関条約でおさえておきたい内容は主に3つあります。

ひとつめは清に朝鮮の独立を認めさせることです。

これは日本が朝鮮半島をこのあと植民地化していくための第一歩とも考えられます。

2つめは賠償金2億両《テール》。

2億両というのが、今のいくらに相当するのか、正確なところはわかりませんが、当時の日本の国家予算の3倍近い額であったといわれています。

そして3つめは、植民地です。

台湾、台湾の近くの澎湖（ポンフー）諸島、そして中国東北部の遼東（リャオトン）半島でした。ここにおいて、日本は初めて植民地を手に入れることになります。

しかし、この遼東半島が問題でした。ここはロシアが清から借りていた土地だったのです。借りていたとはいっても返す気があったかどうかは怪しいものですが。ロシアは国土が全体的に高緯度地域にあり、冬になると多くの港が氷に閉ざされてしまう、そんな国です。ロシアにとって、冬になっても凍らないこの遼東半島は非常に重要な港であったわけです。

そこを空気を読まない大日本帝国がですね、そこはもともと清の土地でしょと、うちはその清を倒しましたから、うちがもらっていきますよと言ってきたわけです。

これに対してロシアは、フランスとドイツを引き連れて、日本に遼東半島を返せ、と迫ります。

他国から奪ったとはいえ、日本としては血のにじむような近代化の末にようやく手に入れた植民地です。

返したくはありませんでしたが、勝ったとはいえ全力で戦ってゼェハァいっているところですから、ここでロシアにケンカは売れません。

ぐっと唇をかみしめて遼東半島を返します。しかし、次の敵は決まったようなものでした。

次の敵、ロシアに勝つための準備として覚えておきたいのが、1901年と1902年です。いよいよ20世紀に入ります。

1901年、清から巻き上げた賠償金を使って明治政府が北九州に建てた官営の八幡《やはた》製鉄所が操業を開始します。

近代日本の工業は「富岡製糸場」に代表されるような繊維工業、軽工業から始まり、いよいよこのあたりから、「富国強兵」を目指すために本当にやりたかった重工業が発展していきます。

八幡製鉄所
1901年、操業を開始した、重工業の基礎となる鉄鋼の国産化を目指した官営製鉄所。軍需産業の基幹として政府および軍の管轄下に置かれた。

『あゝ野麦峠』といったような文学作品が教えてくれるように、日本の工業は長い間、製糸業や紡績業に携《たずさ》わる多くの女性たちに支えられてきたわけですが、この20世紀初頭、鉄鋼業などの重工業が発展していくにつれ、工場労働者に占める男性の割合が少しずつ多くなっていきます。

1901年が戦争に必要な鉄を量産し始めた年だとすると、1902年は仲間集めの年です。ロシアを挟んで日本の反対側にある島国イギリスは、当時広大な植民地を持っている世界最強の国のひとつでしたが、このイギリスも隙あらば南に下りてくるロシアを警戒していました。

東の果ての小国が身の程知らずにもロシアにケンカを売ろうとしているので、できる範囲で手伝ってやろうか、といった感じだったかどうかはわかりませんが、当時の日本にとっては非常にありがたいことにイギリスが日本と同盟を結んでくれます。**日英同盟**です。

日英同盟
1902年、日本とイギリスとの間に結ばれた軍事同盟。ロシアの極東進出を牽制する目的で締結された。イギリスにとっては中国における利益擁護の意味があった。日本の第一次世界大戦参戦の根拠ともなる。22年に失効。

この2つの「準備」をすませた日本は、**1904年、ついにロシアに宣戦布告、日露戦争が始まります。**

満州を舞台に激戦が繰り広げられ、日本海海戦では東郷平八郎率いる連合艦隊がバルチック艦隊を撃破するなどしましたが、両国とも消耗が激しく、1905年、アメリカのセオドア・ルーズベルト大統領を仲立ちに、アメリカのポーツマスで講和することになります。

講和会議は普通、勝った国でやるものですから、この戦争は形式的には日本の勝利ということにはなりましたが、実質的には引き分けに近かったことがわかります。そのため、ロシアが日本に賠償金を支払うことはありませんでした。

海外から莫大な借金をしてロシアと戦うための戦費を調達していた日本は、これによって一気に経済的な苦境に立たされます。

日本国民も講和条約の内容に大きな不満を持ったようで、日比谷焼き討ち事件と呼ばれる暴動が起きました。

とはいえ、このポーツマス条約で、朝鮮半島における日本の優位権をロシアに認めさせた日本は、**1910年、ついに朝鮮半島を植民地化します。**

下関条約の際に大日本帝国によって清から切り離された朝鮮は、「大韓帝国」を名乗って独立していたため、**この朝鮮半島の植民地化を「韓国併合」と呼んでいます。**

形式的にとはいえ、西洋の強国ロシアに勝利し、植民地も手に入れ、さらに**1911年、外務大臣小村寿太郎《こむらじゅたろう》が、日米修好通商条約のもうひとつの不平等条項の改正、すなわち「関税自主権の回復」に成功**し、日本はいよいよ列強の仲間入りを果たします。

小村寿太郎
（1855－1911年）
日本の外交官、政治家。第一次桂内閣の外相として日英同盟の締結、日露戦争の戦時外交処理にあたった。1905年、ポーツマス講和会議の日本全権として講和条約を結んだ。不平等条約の改正に成功し、関税自主権を回復した。

しかし、その翌年1912年7月、明治天皇が崩御《ほうぎょ》。苛烈ともいえる近代化の時代、明治が終わりを告げ、大日本帝国は大正の世を迎えます。

日本史　こぼれ話

2024年導入の新紙幣の顔はすべて明治時代の文化人

2024年導入の新紙幣の顔となる「渋沢栄一」「津田梅子」「北里柴三郎」の三人は、いずれも明治時代の文化人です。

「日本資本主義の父」と呼ばれる渋沢栄一は、1840年、商品作物を取り扱う百姓の家に生まれ、商才を磨きました。やがて郷里を離れ、後に将軍となる一橋（徳川）慶喜に仕えます。薩長同盟が結ばれた1866年には、欧州に渡り、パリ万博をその目で見ています。維新後、明治政府に仕えますが、数年で退官。その後は実業家として数多くの企業の設立や福祉事業に関わりました。

日本の女子教育の先駆者、津田梅子は、1864年、江戸の武士の家に生まれました。明治維新後の1871年、岩倉使節団に満6歳、最年少の随行員として渡米します。その後、約11年アメリカで過ごした津田は、帰国後、伊藤博文の推薦を受け、教師としての人生を歩み始めます。日本社会において女性が活躍することの難しさを実感した津田は、1900年に津田塾大学の前身となる女子英学塾を設立。女子教育に尽力しました。

1853年に熊本の農家に生まれ、やがて医学の道を志すようになった北里柴三郎は、1885年にドイツに渡り、結核菌やコレラ菌の発見者であるコッホに師事します。破傷風の研究により世界的名声を得た北里は、帰国後も福澤諭吉らの支援を受けながら研究を継続します。還暦を過ぎたころ北里研究所を設立し、さらにその後、亡き福澤の恩に報いるため、現在の慶應義塾大学医学部の創設にも協力。近代日本医学の礎を築く人物となりました。

大正時代

1912年〜1926年

日本史 16

世界的な大事件の影響を強く受けた

大正時代に入ります。

大正天皇は生まれたときから病魔との闘いに苦しまれた方で、その結果、大正時代は1912年から1926年まで、約14年間の短い時代となりました。

しかし、世界を見るとこの間に「第一次世界大戦」、そして「ロシア革命」という非常に大きな事件が起きており、日本もその影響を強く受けます。

順に見ていきましょう。

ロシア革命
帝政時代末期にロシア帝国で起きた一連の革命（二月革命、十月革命など）。ブルジョア革命として始まり社会主義革命に発展した。政権が、社会主義国家の建設を目指したことで、反資本主義・反帝国主義運動に大きな影響を及ぼした。

1914年、バルカン半島のサラエボという街で、オーストリアの皇太子がセルビアの青年に暗殺されるという事件が起きます。

皇太子を殺されて怒ったオーストリアはセルビアに宣戦布告、セルビアを助けるためにロシアが総動員をかけ、そのロシアに対してドイツが宣戦布告、そのドイツをフランスとイギリスが攻撃し……といった具合に、**瞬《また》く間にヨーロッパ全土に戦火が広がり、後に「第一次世界大戦」と呼ばれることになる戦争が始まります。**

この第一次世界大戦、世界大戦とはいいますが、最初はヨーロッパでの戦争に過ぎませんでした。極東の日本には無関係な戦争だったはずです。

しかし、だからこそ「チャンス」でした。

不謹慎な話ではありますが、他人の国で戦争をして勝ち組に回るというのは、国家が手っ取り早く利益を上げるためには、非常に効率が良い手段なのです。

ポーツマス条約で賠償金が手に入らなかったことにより多額の借金に苦しんでいた日本政府は、この機会を活用してひと稼ぎしようともくろみます。当時の元老《げんろう》井上馨《かおる》は、この「第一次世界大戦」を指して、「大正新時代の天佑《てんゆう》」、天の助けと言ったそうです。

カギになるのは日英同盟です。この後このイギリスとの同盟関係は解消されますが、このときはまだ生きています。

日本はイギリスと同盟関係にあり、イギリスはヨーロッパでドイツと戦っている。そして、そのドイツは、中国の東北部、山東（シャントン）半島のあたりを租借地《そしゃくち》として支配していました。

1910年に植民地化した朝鮮半島を足掛かりに、さらに大陸に勢力を伸ばしていきたい日本は、日英同盟を口実にして、山東半島にいるドイツ軍を攻撃。

その山東半島の権益を日本が引き継ぐことを認めさせることなどを含んだ理不尽な**二十一カ条の要求**を、1915年、中華民国の袁《えん》世凱《せいがい》政府に対して突き付けます。

さて、ヨーロッパが、そして世界が戦火に飲み込まれていくなか、**1917年、ロシアで革命の炎が燃え上がります。「社会主義」の登場です。**

正式にソビエト社会主義共和国連邦という国ができるのはもう少し後のことになりますが、この1917年のうちに世界初の社会主義政権、ソビエト政権が誕生します。

自由を追求する資本主義のゆがみから生まれた、結果の平等を追

二十一カ条の要求
第一次世界大戦中、日本が中国に提示した利権拡大の要求。山東省におけるドイツ権益の譲渡、南満州鉄道権益期限の99カ年延長などを求め、最後通牒を突き付け受諾させた。怒った中国民衆による反日運動が巻き起こった。

求する社会主義。
この思想に基づく革命が世界中に広がっていくことを恐れたイギリスやアメリカなどの資本主義の国々は、ソビエト政権を倒すためにロシアに軍を送ります。

日本も資本主義の国としてロシアに出兵します。「シベリア出兵」です。

この「シベリア出兵」で、兵隊さんたちに送る食料としての米が大量に必要となるとのうわさを受けて、米を取り扱う業者の多くが米の買い占めを図り、日本では米の価格が高騰しました。

もともと、この頃の日本では、工業化が進むとともに農村から都市部に移る人口が増えつつありました。さらに、麦やヒエの代わりに米を食べる家庭が増えたこともあり、米の価格は上昇傾向にあったのです。その勢いを、このシベリア出兵のニュースがさらに加速させたと捉えることもできます。

いずれにせよ、この米の価格の高騰に強い不満を持った富山県魚津の女性たちが、**1918年、米の価格を下げるよう求めて立ち上がったのをきっかけに、全国に米騒動が広がっていきます。**

この米騒動の責任を取る形で、当時の寺内正毅《てらうちまさたけ》内閣は総辞職。代わって、初の本格的な政党内閣として知られる原敬《はらたかし》内閣が成立しました。

いずれにせよ、このシベリア出兵などの、資本主義の国々の猛攻に耐えきったソビエト政権は、近い将来、冷戦の片翼を担《にな》う世界最強国家へと成長していきます。

第一次世界大戦自体は1919年のパリ講和会議、ベルサイユ条約をもって、ドイツやオーストリアの敗北という形で終了します。日本は戦勝国の側にまわります。

米騒動
米価の暴騰を原因とする民衆の暴動。同様の米騒動はしばしば見られたが、特に有名なものが、1918年の富山県魚津町の騒動で、新聞で報道されると全国的に広まり、軍隊が出動して鎮圧する騒ぎとなった。この事件で寺内内閣が総辞職した。

パリ講和会議に参加したアメリカ大統領ウィルソンの提案で、もう二度とこのような悲劇的な戦争を起こさないようにしようと、翌年、国際連盟が設立されます。

財政難から第一次世界大戦に首を突っ込んでいった日本は、戦争の影響でヨーロッパの影響力がアジアで弱まっていくなか、「大戦景気」と呼ばれる好景気に沸きます。

「成金」と呼ばれる新しい富裕層も現れました。料亭の玄関で「暗くてお靴がわからないわ」といっている女中さんに対して、お札を燃やして、「どうだ明るくなったろう」といっている風刺漫画が流行《はや》りました。

とはいえ、大戦が終わると、再び不景気が戻ってきます。

この戦後恐慌に追い打ちをかけるように、1923年には、関東大震災が発生。

火事などにより、約10万人が亡くなる未曽有《みぞう》の大災害となりましたが、転んでもただでは起きない日本人は、この復興のなか、ラジオ放送という新たな通信手段を広めてもいきました。

大正時代を語るうえでは、「大正デモクラシー」というキーワードも外せません。

明治時代の自由民権運動のなかで、憲法と国会ができたとはいえ、相変わらず薩長を中心とした藩閥政治が続いていることに対し、さらなる政治の民主化を求める運動が起きます。

「憲政の神様」と呼ばれた尾崎行雄や、民本主義を唱えた吉野作造、女性の地位向上を求めた平塚雷鳥《らいてう》や市川房枝らが有名でしょうか。

そういった大正デモクラシーのひとつの成果として、**1925年、「普通選挙法」が制定され、満25歳以上のすべての男子に選挙権が与えられます。**

大正デモクラシー
大正期に顕著となった民主主義的・自由主義的傾向をいう。世界的なデモクラシーの発展とロシア革命を背景に、護憲運動や普選運動をはじめとして、労働運動・社会主義運動などが高揚した。明治憲法体制に対抗して、政治的自由を獲得する運動であった。

選挙権を持つ人の割合は20％まで増えましたが、婦人参政権は認められませんでした。

そして、この「普通選挙法」とセットで、日本社会に大きな影響を与える法律がもうひとつ、誕生しています。

「治安維持法」です。

社会主義が日本において広まるのを取り締まるための法律で、今であれば「精神の自由」を侵害するものとして問題視される可能性の高い法律です。

ただ、「基本的人権は公共の福祉に反しない限り認められる」とする現在の日本国憲法とは異なり、当時の大日本帝国憲法では「基本的人権はあくまで法律の範囲内でのみ認められる」ものだったので、基本的人権は法律で容易に制限することが可能でした。

正当な手続きを経て制定されたこの**治安維持法は、社会主義の取り締まりを目的として作られたものの、後に反政府運動全般の取り締まりに使われるようになります。**

要するに太平洋戦争中、戦争に反対する奴は逮捕だ！死刑だ！という法律になるわけで、日本史上、最悪の悪法ともいわれています。

その「普通選挙法」と「治安維持法」がつくられた翌年、１９２６年、大正天皇が47歳の若さで亡くなります。

短くも濃い大正時代が終わり、時代はついに「激動の昭和」を迎えます。

日本史　こぼれ話

いちはやく「人種差別撤廃」を世界に訴えた日本

第一次世界大戦後のパリ講和会議に参加したアメリカ大統領ウィルソンの提案で、1920 年、国際連盟が発足《ほっそく》します。第一次世界大戦において戦勝国となった日本は、この国際連盟において、イギリス・フランス・イタリアと並んで常任理事国となり、国際社会における発言力を高めていきます。

その日本が当時の国際社会に投げかけた興味深い議題が「人種差別撤廃問題」です。「国際連盟の加盟国は外国人に対し人種や国籍による差別を設けてはならない」という条項を国際連盟規約のなかに盛り込むことを提案しますが、これに対する西洋の国々の反応はかんばしくないものでした。山川出版社の『詳説日本史研究』には、「アメリカでは人種差別問題は自国内の問題であり、日本の提案は内政干渉にあたるという強い反発があり、イギリスも、自治領内、とりわけ白豪主義を基本政策とするオーストラリアの強い反対にあって、両国とも日本案には賛成しなかった」と記されています。国際連盟の議決は多数決制ではなく全会一致制であったこともあって、日本の提案は否決されました。

当時の日本がこのような提案をした背景には、アメリカやカナダなどで発生していた日本人移民排斥への対応策が求められていたということもあったようですが、いずれにせよ、外交の最前線で西洋列強からの激しい差別意識にさらされながら戦っていた日本人たちの姿が垣間見《かいまみ》えるエピソードだといえるでしょう。

日本史 17

戦争で国が焦土と化した

さあ、昭和です。

何はともあれ、明治以降の日本が進めてきた、凄まじいスピードの近代化、それが最悪に近い形で結実する、15年間にわたる長い戦争の話から始めましょう。

第一次世界大戦による「大戦景気」に沸いたのもつかの間、その後の相次ぐ不景気に苦しんだ日本の経済は、1929年、アメリカのニューヨークから始まった「世界恐慌」によって、とどめを刺される形になります。

世界恐慌（大恐慌）
一般的には1929年に始まった世界大恐慌を指す。同年10月、ニューヨーク市場で株価が大暴落した（暗黒の木曜日）のをきっかけに、世界的に深刻な長期不況に陥った。経済のブロック化を生んで自由貿易体制を分断し、第二次世界大戦に至る導火線となった。

食べるものも少ない、資源も少ない。1919年には朝鮮半島や中国で、大規模な反日運動を起こされている始末ですから、一緒に手を組んで恐慌を乗り越える仲間もいない。

そんな状況下で、帝国陸軍は、「満州は日本の生命線である」と叫び、大陸への進出を図ります。

戦の始まりは1931年。先のポーツマス条約でロシアから奪った「南満州鉄道」、これを警備していたはずの帝国陸軍の一部「関東軍」が、満州の柳条湖《りゅうじょうこ》付近で、なんとこの鉄道を爆破。その上で、それを中国軍の仕業《しわざ》であると発表し、軍事行動を起こします。

この柳条湖事件に端《たん》を発《はっ》する「満州事変」により、長い長い戦争の幕が開きます。

翌年、1932年、満州の植民地化を狙う日本は、満州を中華民国から切り離し、無理やり独立させます。**日本だけが認める独**

立国、満州国の誕生です。

この軍部主導の強引な政策に対し、当時の内閣総理大臣犬養毅《いぬかいつよし》は事態の収束を図ろうとします。

が、そんな彼を、なんと海軍の青年将校らが暗殺します。五・一五事件です。

この事件によって、犬養毅だけではなく、「政党政治」そのものが「殺され」、この後の日本の政治は、主に軍人や官僚が主導していくことになります。

翌年、1933年には、この満州国に世界が反対。リットン調査団の報告書に基づき、国際連盟は満州からの日本の撤退を求めます。

その決議に対し、当時の日本全権松岡洋右《ようすけ》は**国際連盟からの脱退を発表。日本は国際社会においていよいよ孤立していきます。**

満州国
満州事変により中国東北部を占領した日本が、1932年、清朝最後の皇帝溥儀を執政に迎えて建国した傀儡国家。首都は新京（今の長春）。45年8月、日本の第二次世界大戦敗北とともに消滅した。

五・一五事件
1932年5月15日に起きた青年将校らによる反乱事件。武装した海軍青年将校・陸軍士官学校生徒らが首相官邸などを襲撃し、内閣総理大臣犬養毅を殺害した。この事件をきっかけに政党内閣に終止符が打たれ、軍部独裁政治へと進んだ。

1936年の2月26日、吹雪の夜、千数百名の軍人が完全武装で東京に出撃。天皇の側近たちを襲撃します。

この二・二六事件に参加した多くの若者たちは、自分たちは国のために、正義のために、動いているのだと考えていました。「天皇陛下に『悪い』考えを吹き込む『君側《くんそく》の奸《かん》』を討つのだ。陛下はきっとわかってくださる」というつもりだったのでしょう。

結果として、大蔵大臣高橋是清《これきよ》をはじめとする数人が死亡、昭和天皇の育ての親ともいえる鈴木貫太郎も重傷を負います。

この事態に対し、昭和天皇は大激怒。クーデター自体は間もなく鎮圧されますが、結果として、この事件は軍の力を世に知らしめることとなりました。

翌年、1937年、中国で内戦に明け暮れていた共産党軍と国民

リットン調査団
国際連盟によって満州事変や満州国の調査を命ぜられたイギリスのリットン伯爵を団長とする調査団で、正式には国際連盟日華紛争調査委員会という。調査団の報告で満州国に関する日本の主張が否認されたため、日本は国際連盟を脱退した。

二・二六事件
1936年2月26日から29日にかけて、急進的な青年将校らが下士官・兵を率いて起こしたクーデター。高橋是清大蔵大臣、斎藤実内大臣らが殺害され、東京・永田町一帯を占拠し戒厳令がしかれたが、反乱軍として鎮圧された。

党軍が、日本に対抗するために、表面的にではありますが手を組みます。

その後、北京郊外の盧溝橋《ろこうきょう》で日中両軍は衝突。「日中戦争」が始まります。

日本軍はその後すぐに当時の中華民国の首都南京を攻略しますが、首都を落としても中国が降伏する気配はありません。

アメリカやイギリスが中国を南側から支援するなか、戦争は徐々に泥沼化していきます。

翌年、1938年、近衛文麿《このえふみまろ》内閣は、この泥沼化していく日中戦争に対応するため、国民の権利や財産を国家に譲り渡させる法案を議会に提出、「国家総動員法」が成立します。

さて、その翌年の1939年、ここからいよいよヨーロッパが大きく動き出します。

国家総動員法
1938年、第一次近衛内閣によって制定された法律。日中戦争の拡大に際し、総力戦遂行のために国家のすべての人的、物的資源を統制・運用できる大幅な権利を政府に与えたもの。国民生活のすみずみにまで国家の統制が及ぶようになった。

►日本の領土と勢力範囲

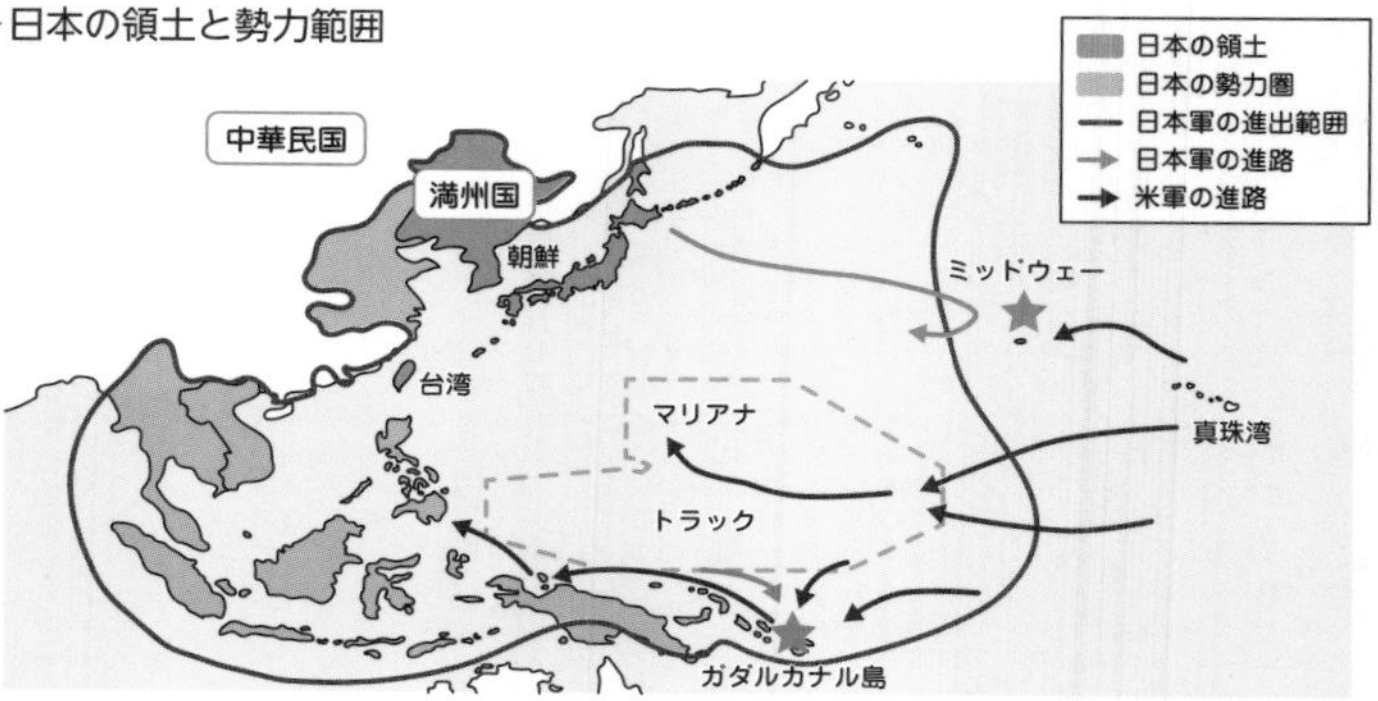

日独伊三国同盟を締結した日本は、米英の中国支援ルートの断絶、資源の獲得を狙って東南アジアに軍を派遣。1940年には、仏領インドシナに出兵、さらに翌年、英領マレー半島まで侵攻した。

アドルフ・ヒトラーの指導の下、第一次世界大戦の敗北から立ちなおりつつあったドイツが、領土拡大を狙い、ポーランドに侵攻。返す刀でオランダも撃破。翌年にはフランスの首都パリを占領するに至ります。

第二次世界大戦の始まりです。

このドイツのあまりの強さの前に、日本は日独伊三国同盟の締結を決断。それを踏まえて、アメリカ・イギリスの中国支援ルートの断絶、そして資源の獲得を狙って東南アジアに軍を送ります。

アドルフ・ヒトラー
（1889－1945年）
ドイツの政治家。ナチス党党首。第三帝国の総統兼首相。世界恐慌による社会の混乱を利用して党勢を拡大、ドイツに全体主義的独裁体制を構築した。1939年ポーランド侵攻を強行して、第二次世界大戦を引き起こすが、敗戦直前に自殺した。

１９４０年には、現在のベトナムであるフランス領インドシナに出兵、さらに翌年、１９４１年、イギリス領マレー半島まで侵攻していきます。

これによりイギリス・フランスが敵に回ることは覚悟のうちでしたが、ここにおいて、参戦のタイミングを計っていたアメリカが満を持して日本に対し、石油の輸出全面禁止を通達。

当時、石油の８割をアメリカからの輸入に頼っていた日本は耐えきれず、**東条英機《とうじょうひでき》内閣の下、12月8日、真珠湾攻撃を実施。**恐れられていたアメリカ相手の戦争が始まってしまいます。

この太平洋戦争、最初は連戦連勝でしたが、あまりに領土を急速に広げたため、落としどころがわからなくなった日本軍は、本気でハワイの占領を考え始めます。本格的にハワイを攻撃するには、その前にアメリカの航空母艦を沈めておきたい。そのために計画されたのがミッドウェー海戦でした。

真珠湾攻撃
１９４１年12月8日（日本時間）、ハワイのオアフ島真珠湾にあったアメリカ海軍の太平洋艦隊と基地に対して、日本海軍が行った奇襲攻撃。日本側が事前に最後通牒を渡す前に実施したことから、だまし討ちとされた。これにより太平洋戦争が始まった。

しかし、１９４２年6月5日、逆に、日本の空母４隻がアメリカ軍の奇襲を受け、全滅。

ここから日本は一気に、アメリカ軍を中心とする連合国軍に押し込められることになります。

１９４４年にサイパン島を占領したアメリカ軍は、ついに本土に空襲を開始。

１９４５年、３月10日の東京大空襲では東京の下町が焦土と化し、１日で10万人以上が殺されます。

4月から6月にかけては沖縄戦。日米両軍と民間人を合わせて20万人を超える人が亡くなりました。沖縄県民の４人に１人が亡くなった計算になります。

この間、５月にドイツが降伏。

7月、そのドイツのポツダムにアメリカのトルーマン、ソ連のスターリン、そしてイギリスのチャーチルが集まり会談を実施。

次いで、**米英中の3国が、日本に対し無条件降伏を求めるポツダム宣言を突き付けます。**

このポツダム宣言を受け入れられずにいる日本に対し、アメリカはついに原子爆弾の使用を決意。

8月6日、広島の街に原爆が投下されます。その日から数カ月以内に亡くなった人の数は、推定で9万人から16万人といわれています。推定なのは、この爆弾によって家族が全員同時に亡くなり、死者数を報告できる人すらいなくなるという悲劇が頻発したためです。

その2日後、8月8日、すでに瀕死状態の日本に対し、ソ連が「日ソ中立条約」を破棄して参戦。満州、北朝鮮、樺太《からふと》のあたりにいた日本軍に襲いかかります。

8月9日には長崎に2発目の原子爆弾が投下されます。推定死亡者数は6万人から8万人。

ここにおいて、戦闘の継続が不可能となった日本は、8月14日、ポツダム宣言を受諾。8月15日には、昭和天皇自らラジオ放送にて国民に敗戦を伝えます。「堪え難きを堪え、忍び難きを忍び、以て万世の為に太平を開かんと欲す」

こうして満州事変に端を発する15年にわたる長い長い戦争が終わりを告げます。

昭和天皇による玉音放送から半月ほど経った1945年8月30日。厚木の飛行場に、**マッカーサー**が、愛用のパイプだけ持って降り立ってみせます。

連合国軍総司令部、GHQによる占領政策の始まりです。

ダグラス・マッカーサー
（1880－1964年）
アメリカの軍人。連合国軍最高司令官。太平洋戦争の緒戦で日本軍に敗れたが、後に反攻に転じた。GHQ最高司令官として民主化を進め、国民主権、平和主義の新憲法をもたらす。朝鮮戦争勃発時には国連軍最高司令官となった。

マッカーサーは、自らに、**「日本を民主国家として再生させる」**というミッションを課していたように思われます。

軍隊の解散、治安維持法の廃止、財閥解体、農地改革など、様々な政策を矢継ぎ早に打ち出します。

1945年のうちに選挙法が改正され、20歳以上の男女に選挙権が与えられました。

1946年11月3日には、それまでの大日本帝国憲法に代わり、「国民主権」「基本的人権の尊重」「平和主義」の3つを軸とした「日本国憲法」が公布されます。

1947年には、「教育基本法」「地方自治法」「労働基準法」など、民主的な社会を支えるのに必要な法律が次々と制定されました。

幕末、黒船来航により、日本は欧米諸国との工業力や軍事力の差にショックを受けました。そして、そこから、欧米諸国に追い付け追い越せと、日本を近代的な国にするべく必死に走ってきました。

財閥解体
1945年から52年にかけて行われた連合国軍最高司令官総司令部（GHQ）の占領政策のひとつ。侵略戦争遂行の経済的基盤となった財閥を解体することで、経済民主化を進める政策だった。持株会社の解体、所有する株式の買い上げなどが行われた。

農地改革
地主制の解体を目的に、GHQの指令で行われた農地制度改革。地主に一定の土地の所有しか認めず、それを超える分を国が買い上げ、小作農民に売り渡した。この改革によって、小作地の80％（190万町歩余）が解放された。

その結果、日清・日露・第一次世界大戦、そして先の15年に及ぶ戦争と、4つの大きな戦争を立て続けに戦い、最後には国が滅んでもおかしくない状態までボコボコにやられたわけです。

「無条件降伏」を受け入れたわけですから、ここで日本国の歴史が終わる可能性だってあったわけです。

天皇が処刑される可能性だって低くはありませんでした。事実、連合国のなかには戦争責任者として天皇を殺せと叫ぶ国も少なくなかったようです。

しかし、昭和天皇と実際に会ったマッカーサーは、日本人にはこの人物が必要だと判断します。結果として天皇は処刑されず、日本国が滅びることもありませんでした。

東京を始めとする3大都市は焦土と化し、沖縄は人口の4分の1を失い、広島と長崎ではいったん生き延びたはずの人々までも原爆症で死んでいく。

それでも生き残った人々は、その後も生きていくしかありません。

しかし、生産力ガタ落ちの日本、物価は高騰しています。さらにそこに戦地で生き延びた軍人さんたちが帰ってきて、食料不足はさらに深刻になります。明日、私たちは何を食べればよいのだろう……。

1950年、そんな日本にとって、ひとつの大きな転機が訪れます。

朝鮮戦争です。

日本史 18

6人の宰相が国を再生させた

太平洋戦争で焦土と化した日本。

そんな日本が、わずか20数年で再び、世界第2位の経済大国にまでのし上がる、その再生の物語が、昭和戦後史です。

吉田、鳩山、岸、池田、佐藤、田中。戦後の日本をけん引していった6人の宰相《さいしょう》を軸に、整理していきたいと思います。

まずは1人目、吉田茂から始めましょう。

吉田茂
（1878－1967年）
外交官、政治家。東久邇宮・幣原内閣で外務大臣を務めた後、自由党総裁となり、五次にわたって内閣を組織した。サンフランシスコ平和条約・日米安全保障条約に調印。占領から講和・独立までの戦後の日本復興の礎を築いた。

彼が総理になる少し前、まだ戦争が終わっていない、1945年2月、クリミア半島にあるヤルタという街にアメリカ、イギリス、ソ連の首脳が集まり、戦後の世界をどうしていくかについて話し合いました。

ここにおいて、アメリカとソ連の対立が改めて浮き彫りになります。**「冷戦」の始まりです。戦後史はこの冷戦なしには語ることができません。**

戦後、朝鮮半島は、日本の植民地支配からの解放を喜ぶ間もなく、アメリカとソ連によって2つに分割されることになります。

1948年、北半分は社会主義国家「朝鮮民主主義人民共和国」として、南半分は資本主義国家「大韓民国」として、それぞれ独立します。

また、中国にも大きな変化が訪れます。

1949年に中国共産党が指導する新たな中国「中華人民共和国」が誕生、日本と日中戦争を戦った「中華民国」政府は台湾へと移動します。

このように東アジア情勢が目まぐるしく動くなか、1950年、ソ連の後押しを受けた北朝鮮軍が国境を越えて韓国に侵攻、**「朝鮮戦争」**が始まります。

この戦争は、1950年のうちに、吉田茂が総理を務める日本に大きな2つの影響を与えました。

ひとつめは「朝鮮特需」です。

北朝鮮の軍事行動を放っておくと朝鮮半島はすぐに社会主義勢力によって統一されてしまいます。それを防ぎたいアメリカは、韓国を助けるために朝鮮半島に出兵。

朝鮮戦争
1950年に韓国と北朝鮮の間で起こった国際紛争。米ソの勢力争いがもとで朝鮮民族の分断国家となった両国が、半島の主権をめぐって争ったもの。一進一退の後、北緯38度線付近で膠着状態となり、53年に休戦となった。

▶戦後の経済成長率

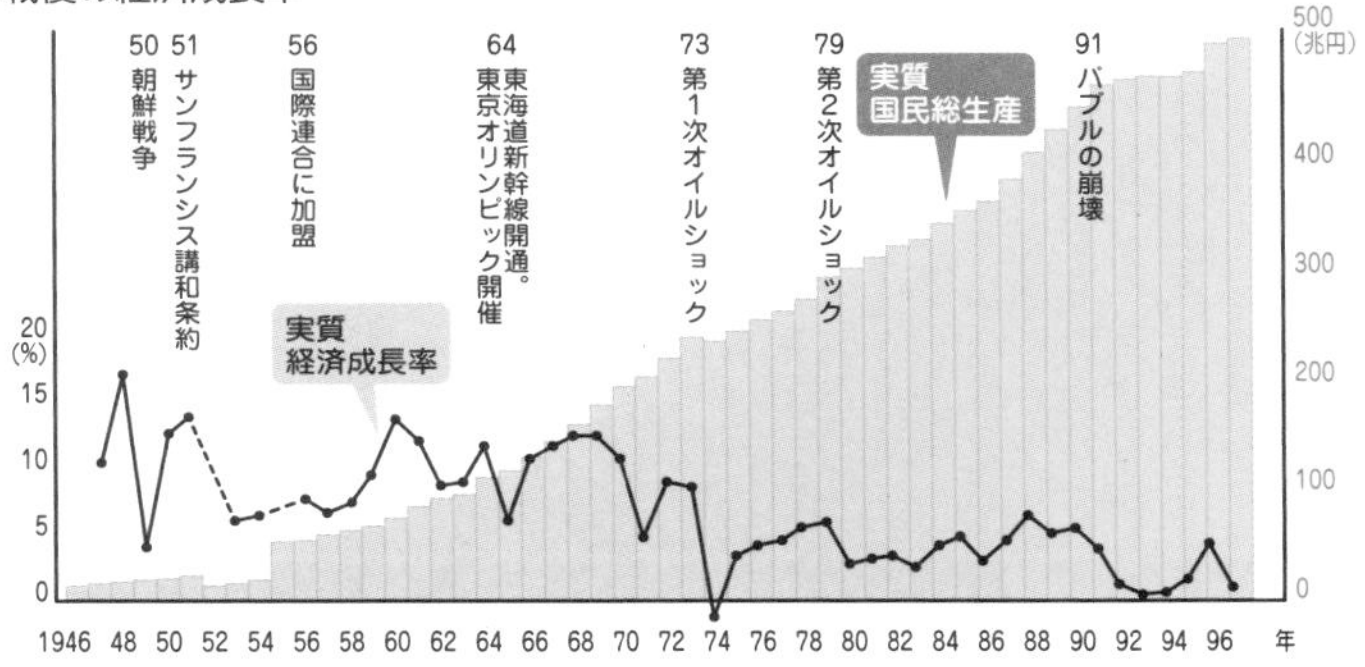

焦土と化した日本だったが、1950年の朝鮮戦争による特需で超好景気が訪れ、復活の足掛かりとなった。55年の神武景気など「高度経済成長期」が始まり、国民所得倍増計画によって国民はさらに豊かになっていった。

その際に必要な物資を日本から大量に買い上げたため、日本には、何を作っても米軍が買ってくれるという超好景気が訪れます。

隣国の不幸を喜ぶわけにはいきません。

しかし、この「朝鮮戦争」が、焼け野原であった日本がこの後復活していく、その大きな足掛かりになったのも確かです。

「朝鮮戦争」が1950年のうちに日本にもたらした2つめの影響は「日本の再軍備」です。

ＧＨＱの最高司令官として日本を支配したマッカーサーは、日本を軍隊を持たない平和な国にしようとしていましたし、また、戦争というものにすでに嫌気がさしていた多くの日本人も、その政策を支持しました。

しかし、世界情勢がそれを許しません。マッカーサーが日本にいる7万人の米兵を連れて朝鮮半島に赴くのであれば、その間の日本の安全は誰が保障するのか。

その問題を解決するため、吉田内閣はＧＨＱの指示の下**「警察予備隊」**を組織します。警察予備隊はその2年後、保安隊と名前を変え、さらにその2年後、１９５４年に「自衛隊」と呼ばれるようになり今に至ります。

この朝鮮戦争は、１９５１年に、さらに大きな変化を日本にもたらします。

警察予備隊
朝鮮戦争を契機に、ＧＨＱの要請で設置された武装組織。公共の福祉を保障するのに必要な限度内で警察力を補うものとされていたが、事実上は再軍備の第一歩となった。後に保安隊（現在の自衛隊）に改組されて発展的解消をした。

サンフランシスコ平和条約の締結です。

日本国内でもアメリカ国内でも様々な意見が飛び交ったようですが、最終的に、吉田内閣は、日本の主権の回復に成功します。

サンフランシスコ講和会議は、第二次世界大戦における、日本と連合諸国との講和会議として開かれました。

アメリカ主導の会議に反発したソ連は、ポーランド、チェコスロバキアとともにこの条約の締結を拒否。「中華人民共和国」と「中華民国」の間でゆれている中国は、会議に呼ばれません。北朝鮮と韓国は、そもそも戦争中、日本の植民地であり、国家として第二次世界大戦に関わっていないので、こちらも会議には呼ばれません。

この条約で日本は48の国との国交を回復しました。しかし、ソ連や中国といった、このときに仲直りできなかった近隣の国との国交回復が、吉田茂以降の内閣の宿題として残ることになります。

また、このとき、**吉田茂はアメリカとの間に「日米安全保障条約」を結びます。**

この条約は10年ごとに内容に見直しをかけることになっていましたが、このときの「日米安保」は、日本が米軍の日本駐留を引き続き認めるというだけのものでした。

いわゆる片務的条約、「不平等条約」といっても良い条約であったわけです。

不平等条約といえば、やはり幕末の日米修好通商条約が思い浮かびます。黒船という暴力を背景に貿易の再開を迫ってきた列強に対し、井伊直弼としては断りきれない部分が大きかったかもしれませんが、それでも日本にとって不平等な条約を結んできた井伊直弼は、その後、吉田松陰などから大批判を浴びました。

同じように批判を浴びた吉田茂は、日米安保だけが理由ではありませんが、その後、総理の座を**鳩山一郎**に譲ることになります。

さて、戦後を代表する2人めの総理大臣、鳩山一郎です。

彼は、1955年、政界再編、**保守合同**に成功。自由民主党を作り上げます。

この自由民主党が与党の座に就き、社会党が最大野党の座に就く「1と2分の1政党制」、**いわゆる「55年体制」がここから始まります。**

鳩山一郎は吉田茂のアメリカべったり政策を転換、アメリカと少し距離を置く「自主外交」を進めます。

冷戦の世界でアメリカと距離を置くということは、その分、ソ連に近づくということ。

鳩山一郎
（1883－1959年）
政治家。犬養・斎藤内閣の文相。戦後、日本民主党を結成、総裁となり、首相に就任する。在任中に保守合同を成し遂げて自由民主党の初代総裁となり、日本とソビエト連邦の国交回復を実現した。

保守合同
1955年に自由党と日本民主党の保守政党が合同して自由民主党が結成されたこと。前月の社会党再統一と合わせて55年体制が成立した。以後、38年間にわたる自民党による長期政権を生んだ。

1956年、**鳩山一郎は「日ソ共同宣言」に調印し、ソ連との国交回復に成功しました。**この日ソ共同宣言には大きな大きなおまけがついてきます。

国連の安全保障理事会の常任理事国であるソ連と国交を回復したことで、日本は国際連合に加盟することができました。

政府が発表した「経済白書」に、「もはや戦後ではない」という有名な一文が記載されたのも、この1956年の出来事です。

その前年から日本は神武景気と呼ばれる好景気に突入、GNPは戦前を超え、「電気冷蔵庫」「電気洗濯機」「白黒テレビ」のいわゆる「三種の神器」が普及していきます。「高度経済成長期」の始まりです。

さて、1960年、日米安保改定の年がやってきます。

日ソ共同宣言
1956年に日本とソビエト連邦がモスクワで署名した外交文書。これにより両国の戦争状態が終わり、国交が回復された。とはいえ平和条約締結には至らず、共同宣言の形がとられ領土問題については、平和条約締結後に先送りされた。

岸信介内閣は、米軍の日本駐留を認めるだけであった旧安保条約に、有事の際、米軍は日本を守るために出動するという、いわゆるアメリカの日本に対する集団的自衛権を追加する形で新日米安全保障条約を結びます。

しかしこれに対し、日米安保の継続自体を望まない人々などが猛反発。

大規模なデモが発生し、その混乱の責任を取る形で岸内閣は総辞職することとなりました。

あとを継いだのは、吉田内閣の下で大蔵大臣を務めた数字の鬼、池田勇人。

池田は1960年に「国民所得倍増計画」を発表。10年以内に日本のGNPを倍にするという目標を立て、高度経済成長期に突入しつつあった日本を本格的に「経済の季節」へと導きます。

岸信介
（1896－1987年）
政治家。佐藤栄作の実兄。満州国実業部次長として満州産業開発五カ年計画を推進。東条英機内閣の商工相。戦後、A級戦犯容疑者となるが不起訴。首相となり、国民的反対運動のさなか、日米安保条約改定を強行し、総辞職した。

池田勇人
（1899－1965年）
大蔵官僚、政治家。吉田茂の右腕として、外交・安全保障・経済政策に大きな役割を果たした。首相としては「寛容と忍耐」のキャッチフレーズの下、所得倍増計画を実施し、高度経済成長政策を推進した。

その象徴のひとつが１９６４年の東海道新幹線開通であり、そしてアジア初のオリンピック、東京オリンピックでした。

しかし、そのオリンピックと前後して、池田はガンで倒れます。その池田のあとを継ぎ、１９６５年、総理の座についた佐藤栄作は、**まず「日韓基本条約」を結び、韓国との国交を正常化します。**

その後、1968年の小笠原復帰を経て、1972年、沖縄がアメリカから日本に返還されます。

また、佐藤栄作は「核兵器を持たず、作らず、持ち込ませず」という「非核三原則」を打ち出したことでも有名です。ただ、後に、米軍との関係において「持ち込ませず」の部分だけは徹底されていなかったことが明らかになっています。

佐藤栄作
（1901－1975年）
官僚、政治家。吉田茂内閣の官房長官をはじめ大臣を歴任。内閣総理大臣として7年8カ月の長期政権を担い、日韓基本条約の締結、沖縄返還の実現をなし遂げる。非核三原則の政策によってノーベル平和賞を受賞した。

田中角栄
（1918－1993年）
政治家。首相として日中国交正常化を実現。その間、金大中事件、第一次石油危機などの政治課題に対応した。また、日本列島改造論を唱えたが、地価高騰や狂乱物価を招いた。金脈問題を批判され退陣。ロッキード事件で逮捕された。

約2800日間、総理の座に就いていた佐藤栄作のあとを継いだのは、「今太閤」「コンピューター付きブルドーザー」といわれた田中角栄でした。

角栄は総理になった1972年のうちに「日中共同声明」を発表。中華人民共和国との国交を回復します。

「日本列島改造論」を唱え、日本経済をさらに発展させようとした角栄でしたが、**1973年、第四次中東戦争に端を発する第一次石油危機が起こり、高度経済成長期が終わりを告げることになります。**

この石油危機は日本の産業全体に大きな影響を与えました。燃料費の高騰により遠洋漁業は衰退し始め、電源に占める原子力発電の割合が増えていきます。日本の工業の主軸が、機械工業、特に自動車工業にシフトしていくのもこの頃からです。

日本列島改造論
田中角栄が自民党総裁選挙を控えた時期に発表した政策綱領、および著書のタイトル。東京一極集中を改め、都市と地方を結ぶ鉄道網、高速道路網を整え、地方に工業を再配置して、地方で豊かに暮らせる国造りを唱えた。著書は90万部を超えるベストセラーとなった。

第一次石油危機
（オイル・ショック）
1973年、原油の供給逼迫および原油価格高騰と、それによる世界の経済混乱をいう。第四次中東戦争を機にアラブ諸国が石油価格を4倍に引き上げたことで、石油依存度の高い日本はパニックとなり、「狂乱物価」と呼ばれる物価の高騰を招いた。

日本による自動車生産と輸出は、アメリカとの間に貿易摩擦を引き起こします。

アメリカからすれば、ほんの数十年前に焼け野原にまでしてやったはずの国が、自国の核の傘に守られながら、気が付けば世界第2位のGNPを誇る経済大国となり、やたら燃費の良い自動車を売りつけてくるわけです。

日本に対し、アメリカは1985年に「プラザ合意」を断行。強制的にドルを切り下げ、アメリカの輸出に有利な「円高ドル安」の状況を作り出します。

この仕組まれた円高に対し、日本は日銀を中心に不況対策を進めますが、それが今度は行き過ぎた好景気、バブル景気を引き起こします。

実態のともなわないバブルは1989年頃から崩れ始め、その後、日本は長引く不況の時代に突入します。

1993年には38年ぶりに自民党が野党となり、55年体制は終わりを告げますが、その際に誕生した細川内閣、そのあとを継いだ羽田内閣はいずれも1年持たず、次の村山内閣では、早くも自民党が与党に復帰します。

その後、2009年と2012年に政権交代が起きましたが、このあたりのことはもはや、ほとんどの皆さまにとっては、「歴史」ではないのではないかと思います。

日本史 こぼれ話

昭和天皇とマッカーサーが会った日

日本がポツダム宣言を受諾した約2カ月後、1945年9月27日、連合国軍最高司令官マッカーサーと昭和天皇による第1回目の会見が行われました。マッカーサーが日本を去るまで合計11回行われた2人の会談の内容について、少なくとも昭和天皇は、「男子の一言」としてどこにもいわないと約束したということで、亡くなるまでお話しになることはありませんでした。アメリカ側の対応次第では生きて帰れるかもわからなかったこの会見に、昭和天皇はどのようなお気持ちで臨まれたのでしょうか。

マッカーサーの回想録には、会見の冒頭で昭和天皇は「私は、国民が戦争遂行にあたって政治・軍事両面で行ったすべての決定と行動にたいする全責任を負うものとして、私自身をあなたの代表する連合国の裁決にゆだねるためにおたずねしました」とおっしゃったと記録されています。すなわち、処刑されることも覚悟のうえだった、ということです。ただ、日本側の公式記録にはその類の発言は掲載されていません。

いずれにせよ、会見前には出迎えもしなかったマッカーサーが、会見終了後には天皇が車に乗り込むまで見送ったということから、マッカーサーの目に昭和天皇の姿、発言がどう映ったかがある程度わかるように思われます。GHQやアメリカは、この後、日本の占領、管理を円滑に進めるために、天皇制を積極的に利用する方針をとりました。

参考文献一覧

佐藤 信 / 五味文彦 / 高埜利彦 / 鳥海靖 編『詳説日本史研究』
（山川出版社、2008 年）

五味文彦 / 鳥海靖 編『もういちど読む山川日本史』
（山川出版社、2009 年）

鳥海靖『もういちど読む山川日本近代史』
（山川出版社、2013 年）

全国歴史教育研究協議会　編『日本史用語集 A・B 共用』
（山川出版社、2014 年）

高橋秀樹 / 三谷芳幸 / 村瀬信一『ここまで変わった日本史教科書』
（吉川弘文館、2016 年）

ルイス・フロイス『ヨーロッパ文化と日本文化』
（岩波文庫、1991 年）

半藤一利『昭和史　1926–1945』
（平凡社ライブラリー、2009 年）

半藤一利『昭和史　戦後篇　1945–1989』
（平凡社ライブラリー、2009 年）

山本博文『歴史をつかむ技法』
（新潮新書、2014 年）

山本博文『東大流よみなおし日本史講義』
（PHP 研究所、2015 年）

河合敦『早わかり日本史』
（日本実業出版社、2008 年）

カリスマ先生が教える
おもしろくてとんでもなくわかりやすい

日本史

発行日　2021年 4 月14日　第 1 刷

著者　馬屋原吉博

本書プロジェクトチーム
編集統括　柿内尚文
編集担当　池田剛
デザイン　柴田琴音＋八木麻祐子（Isshiki）
編集協力　正木誠一
制作協力　西田圭悟（SS-1）
校正　東京出版サービスセンター

営業統括　丸山敏生
営業推進　増尾友裕、藤野茉友、綱脇愛、大原桂子、桐山敦子、矢部愛、寺内未来子
販売促進　池田孝一郎、石井耕平、熊切絵理、菊山清佳、吉村寿美子、矢橋寛子、遠藤真知子、森田真紀、大村かおり、高垣知子
プロモーション　山田美恵、林屋成一郎
講演・マネジメント事業　斎藤和佳、志水公美

編集　小林英史、舘瑞恵、栗田亘、村上芳子、大住兼正、菊地貴広
メディア開発　中山景、中村悟志、長野太介、多湖元毅
管理部　八木宏之、早坂裕子、生越こずえ、名児耶美咲、金井昭彦
マネジメント　坂下毅
発行人　高橋克佳

発行所　株式会社アスコム

〒105-0003
東京都港区西新橋2-23-1　3東洋海事ビル
編集部　TEL：03-5425-6627
営業部　TEL：03-5425-6626　FAX：03-5425-6770

印刷・製本　株式会社光邦

Printed in Japan ISBN 978-4-7762-1135-8

本書は、2017年6月に弊社より刊行された『CD2枚で古代から現代まで　聞くだけで一気にわかる日本史』を改題し、加筆修正したものです。